별별 우주이야기

웅진주니어

별별 우주 이야기 별과 우주에 대해 알고 싶은 모든 것

초판 1쇄 발행 2009년 5월 21일
초판 13쇄 발행 2021년 11월 3일

글쓴이 정창훈 그린이 장윤경
발행인 이재진 도서개발실장 안경숙 편집인 이화정 책임편집 손자영 편집 김세희
디자인 나유진 마케팅 정지운, 김미정, 신희용, 박현아 제작 신홍섭

펴낸곳 (주)웅진씽크빅
주소 경기도 파주시 회동길 20 (우)10881
문의전화 031)956-7403(편집), 02)3670-1191, 031)956-7065, 7069(마케팅)
홈페이지 www.wjjunior.co.kr 블로그 wj_junior.blog.me 페이스북 facebook.com/wjbook
트위터 @wjbooks 인스타그램 @woongjin_junior
출판신고 1980년 3월 29일 제406-2007-00046호. 제조국 대한민국

ⓒ정창훈 2009 (저작권자와 맺은 특약에 따라 검인을 생략합니다.)

웅진주니어는 (주)웅진씽크빅 유아·아동·청소년 도서브랜드입니다.
이 책은 저작권법에 따라 보호받는 저작물이므로 무단전재와 무단복제를 금지하며,
이 책 내용의 전부 또는 일부를 이용하려면 반드시 저작권자와 (주)웅진씽크빅의 서면 동의를 받아야 합니다.

이 도서의 국립중앙도서관 출판예정도서목록(CIP)은 서지정보유통지원시스템(http://seoji.nl.go.kr)과 국가자료종합목록시스템(http://www.nl.go.kr/kolisnet)에서
이용하실 수 있습니다. (CIP: 2009001321)

ISBN 978-89-01-09499-1 73440
ISBN 978-89-01-05496-4 (세트)

잘못 만들어진 책은 바꾸어 드립니다.
※주의 1_책 모서리가 날카로워 다칠 수 있으니 사람을 향해 던지거나 떨어뜨리지 마십시오.
    2_보관 시 직사광선이나 습기 찬 곳은 피해 주십시오.
웅진주니어는 환경을 위해 콩기름 잉크를 사용합니다.

별별 우주 이야기

별과 우주에 대해 알고 싶은 모든 것

정창훈 글 | 장윤경 그림

웅진주니어

머리말 별의 속삭임에 귀 기울여 보세요

　별은 밤마다 나타나 사람들에게 속삭여요. 언뜻 들어서는 이해하기 쉽지 않은 신비로운 이야기를 들려주지요. 별들의 속삭임은 수십 억 년 전부터 시작되었어요. 하지만 사람이 그 속삭임을 듣게 된 것은 겨우 수천 년 전쯤부터예요. 사람은 그때부터 별과 우주에 대해 많은 것을 알게 되었어요.

　별이 왜 하루에 한 번 밤하늘을 가로질러 달리는지, 별자리의 모습은 왜 계절에 따라 달라지는지, 행성과 혜성은 왜 밤하늘을 이리저리 돌아다니는지, 별이 어떻게 태어나서 어떻게 사라지는지 같은 엄청난 비밀까지 말이에요.

　별은 사람이 편리하게 살 수 있는 방법도 알려 주었어요. 시간을 정확하게 재는 법에서 달력을 만드는 법까지 말이에요. 달력을 보면 계절을 알 수 있어요. 언제 씨를 뿌리고 언제 열매를 거두어야 하는지 알 수 있게 된 거예요. 별은 동서남북의 방향을 정하는 방법도 알려 주었지요.

　별이 요즘에도 우리에게 이야기를 들려주고 있냐고요? 물론이에요. 요즘에는 우주가 어떻게 태어나고 어떻게 변할지에 대해 이야기하고 있어요. 아직 그 이야기를 다 들은 사람은 없지만 말이에요.

　고요한 밤에 아무리 귀를 기울여도 별의 속삭임을 듣지 못하겠다고요? 별의 속삭임은 소리가 아니에요. 별의 속삭임은 바로 희미한 별빛이거든요. 다른 나라 사람의 말은 알아듣기 힘들어요. 그것처럼 별의 속삭임도 누구나 알아들을 수 있는 것은 아니에요. 하지만 조금만 노력해 보세요. 별의 속삭임이 어렴풋이 들리기 시작할 거예요.

　사람은 두 발로 서서 살아가는 특별한 동물이에요. 두 발로 서면 주변을 넓게 볼 수 있어요. 또 조금만 머리를 젖히면 밤하늘의 별도 쉽게 볼 수 있지요. 편안하게 누우면 더 많은 별을 볼 수 있어요. 어쩌면 사람은 별을 바라보며 살아가는 동물인지도 몰라요.

　자, 오늘밤은 밖에 나가 별을 한번 보세요. 그리고 먼 옛날, 맨 처음으로 별의 속삭임을 듣던 사람이 되어 보는 건 어떨까요?

2009년 4월 정창훈

차례

머리말 4

옛날 옛적 하늘을 탐구하다

하늘의 임금, 태양 10
중요한 천체, 태양과 달과 오행성 16
불길한 별들, 혜성과 유성 24
신들의 세계, 밤하늘 29

그래도 지구는 돈다

천문학이 시작되다 42
과학 혁명, 지동설! 50

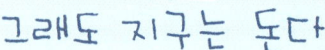

우주, 저 멀리 새로운 세계

새로운 발견들 62
끝없이 펼쳐지는 우주 73
수많은 은하로 이루어진 우주 79
신비로운 별의 과학 84

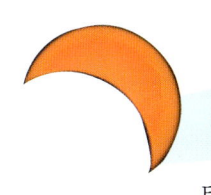

아름다운 밤하늘 이야기

태양과 달의 움직임 94
시간과 계절을 알려 주는 별의 움직임 100
신화와 함께 보는 사계절의 별자리 106

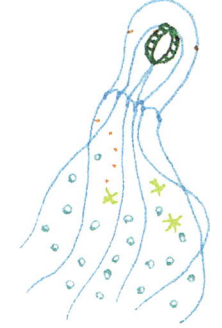

우주의 비밀을 밝혀 나서다

우주를 보는 커다란 눈, 천체 망원경 126
우주의 탄생을 본다! 132

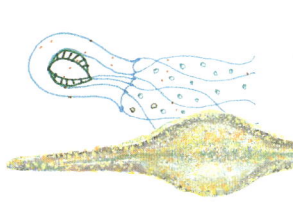

용어 해설 138
찾아보기 142

아주 오랜 옛날부터 사람들은 천체를 관측하고 연구했어요.
신화와 전설 같은 신비로운 이야기를 통해 하늘의 현상을
설명하기도 하고, 천체의 움직임을 정확히 관측하여
생활에 이용하기도 했지요.

하늘의 임금, 태양

두 개의 태양

신라 경덕왕 때의 일이에요. 어느 날, 하늘에 두 개의 태양이 나타나 열흘 동안 사라지지 않았지요. 임금을 비롯한 모든 신하들이 걱정하고 있을 때 천체 관측을 담당하는 관리는 이렇게 말했어요.

"덕망 높은 스님을 모셔 와 꽃을 뿌리는 공덕을 쌓으면 재앙을 물리칠 수 있을 것입니다."

경덕왕은 그 관리의 말에 따라 월명사라는 스님을 모셨습니다. 월명사는 이런 노래를 지어 불렀지요.

"내 오늘 산화가를 부르노니

흩뿌려진 꽃아 너는

곧은 마음을 받아들여

미륵 부처님을 맞이하라."

월명사의 노래가 끝나자 태양이 다시 하나가 되었다고 해요.

두 개의 태양에 관한 이야기는 우리나라 신화에도 나옵니다. 세상이 처음 만들어졌을 때에는 태양이 두 개였다는 거예요. 태양이 두 개였으니 세상은 사람들이 견딜 수 없을 만큼 뜨거웠어요. 그래서 미륵님이 태양 하나를 떼어 내 여러 별들을 만들었다고 해요. 또 화살을 쏘아 태양 하나를 떨어뜨렸다는 전설도 있지요.

물론 실지로 하늘에 태양이 두 개였던 적은 없어요. 이 이야기들은 모두 신화나 전설이지요. 그런데 어째서 이처럼 신비로운 이야기들이 전해지는 것일까요?

태양은 모든 생명의 근원이에요. 햇볕은 새싹을 돋게 하며 풀과 나무를 키웁니다. 동물들은 식물을 뜯어먹고 살지요. 옛날 사람들도 태양이 이처럼 중요하다는 사실을 알고 있었어요. 하지만 태양이 크고 뜨거운 불덩이에 지나지 않는다는 사실은 알지 못했어요. 세상의 모든 변화를 좌우하는 신이라고 생각했지요.

또한 세력을 키워 나라를 세운 사람들은 자신이 태양, 즉 신의 자손이라고 주장했어요. 그래서 자신이 신을 대신해서 세상을 다스려야 한다는 것이지요. 옛날 사람들에게 태양은 세상살이를 좌우하는 신이자 임금을 뜻했던 거예요. 그런데 한 나라에 임금이 둘이라면 얼마나 혼란스럽겠어요. 자신이 진짜 임금이라고 우기면서 서로 다툰다면 수많은 사람이 목숨을 잃을 거예요.

두 개의 태양에 관한 신화와 전설은 아주 오랜 옛날, 크고 작은 여러 세력이 서로 다투느라 혼란스러웠던 시절의 이야기예요. 한 영웅이 세상을 통일하여 질서를 바로잡은 사실을 태양에 빗대어 만들어 낸 이야기들이지요.

세계 여러 나라의 태양신

고구려 고분 벽화에 그려진 삼족오

고구려 고분 벽화의 태양 속에는 삼족오라는 새가 그려져 있습니다. 삼족오는 발이 세 개 달린 까마귀로 태양을 뜻하는 상상의 새이지요. 우리 민족도 태양을 신으로 숭배했던 거예요. 물론 우리나라의 시조들도 자신이 태양의 자손이라고 생각했어요.

고구려를 세운 주몽은 알에서 태어났다고 해요. 주몽의 아버지는 천제의 아들인 해모수인데 어느 날 햇빛이 되어 주몽의 어머니인 유화 부인에게 나타났어요. 그 후 유화 부인은 알을 낳았고, 그 알에서 나온 이가 바로 주몽이에요. 그러니 주몽은 태양의 자손인 셈이지요.

신라의 첫 임금인 박혁거세도 커다란 알에서 태어났는데, 이 알이 나타날 때에도 하늘에서 밝은 빛이 내리쬐었다고 해요. 혁거세란 이름도 '빛으로 세상을 다스린다.'는 뜻이니 당연히 태양의 자손임을 내세우는 것이지요.

우리나라뿐 아니라 다른 여러 나라에서도 태양을 신으로 숭배했어요.

이집트의 태양신, 라

라는 이집트 사람들이 숭배하던 태양신입니다. 이집트 사람들은 낮에는 라가 배를 타고 하늘을 가로지르며 여행을 하고, 밤에는 다른 배로 갈아타고 지하 세계를 여행한다고 생각했어요. 이집트의 왕을 파라오라고 하는데 파라오들은 자신이 라의 아들이라고 주장했답니다.

그리스의 태양신, 헬리오스

헬리오스는 그리스어로 태양을 뜻하며 그리스 신화에 나오는 태양신입니다. 헬리오스는 날마다 전차를 몰고 동쪽에서 떠올라 서쪽 지평선까지 하늘을 가로질러 갑니다. 밤에는 커다란 배를 타고 북쪽으로 흐르는 바다를 따라

항해한다고 해요. 그리스의 로도스 섬에서는 헬리오스를 으뜸 신으로 섬겼습니다. 로마 때에는 아폴론이 헬리오스를 대신하여 태양신으로 불리게 됩니다.

일본의 태양신, 아마테라스

일본 사람들은 여신 아마테라스를 태양신으로 숭배했습니다. 한번은 아마테라스가 동굴에 몸을 숨겼는데 이때부터 세상이 어둠에 쌓였다고 합니다. 여러 신들이 아마테라스를 꾀어 동굴 밖으로 간신히 끌어내면서 세상이 다시 밝아졌다는군요. 일본의 왕들은 아마테라스의 후손이라고 합니다.

잉카의 태양신, 인티

잉카는 남아메리카의 안데스 지방을 지배하다 400년 전쯤 멸망한 나라입니다. 지금의 페루와 볼리비아 근처를 말하지요. 잉카의 신화에 따르면 비라코차라는 창조주가 세상을 비추기 위해 태양과 달과 별을 만들었다고 해요. 잉카에서는 그중에서 태양을 인티라고 부르며 최고의 신으로 숭배했는데, 잉카의 왕들은 바로 인티의 후손이라고 합니다.

인도의 태양신, 비슈누

인도 사람들은 힌두교라는 종교를 믿습니다. 힌두교에는 수많은 신이 있어요. 비슈누는 브라흐마와 시바와 더불어 힌두교의 가장 중요한 신입니다. 이 세 신은 세상의 창조와 파괴와 유지를 뜻하는데 특히 비슈누는 모든 생명에 활기를 불어넣는 태양신으로 숭배된다고 해요.

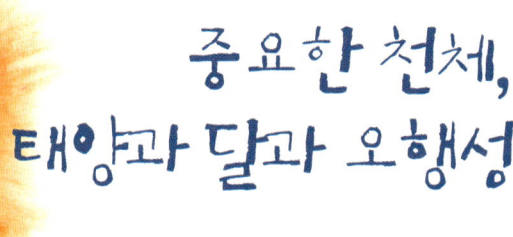

중요한 천체, 태양과 달과 오행성

하늘의 꾸짖음, 일식

1422년 1월 1일, 조선 세종 임금 때의 일이에요. 세종 임금은 소복을 입고 인정전의 월대 위에서 경건한 마음으로 제례를 시작했습니다. 태양이 달에 가려 보이지 않게 되는 현상을 일식이라고 하는데, 바로 그날 일식이 일어났던 거예요. 조선 시대에는 일식이 일어나면 임금이 제례를 지내 태양이 다시 밝게 비추게 해 달라고 빌었습니다.

그때 가장 중요한 일이 일식 시간을 정확히 맞추는 거였어요. 그런데 그날의 일식은 예정보다 15분쯤 늦게 일어났어요. 천문관들이 일식 시간을 정확히 예측하지 못했던 거예요. 그 일로 이천봉이라는 천문관이 곤장을 맞아야 했대요.

　조선 시대에도 임금은 하늘이 내린다고 생각했어요. 또 여러 가지 천문 현상을 통해 하늘이 임금에게 계시를 내린다고 생각했지요. 태양이 사라지는 일식은 바로 임금이 나라를 제대로 다스리지 못한다는 꾸짖음이에요. 그래서 세종 임금은 경건한 마음으로 자신의 과오를 인정하고 하늘에 제례를 지내며 일식이 끝나기를 기다린 것이지요. 이처럼 중요한 행사의 시간을 정확히 예측하지 못했으니 천문관이 곤장을 맞은 것도 당연한 일이었을 거예요.

　옛날 사람들도 태양이 모든 생명의 근원이라는 사실을 잘 알고 있었어요. 그렇게 중요한 태양이 갑자기 사라진다니 얼마나 두려웠겠어요. 그래서 옛날 사람들은 일식이 왜 일어나며 어떻게 하면 다시 태양을 불러낼 수 있는지 여러 가지 이야기를 만들어 냈어요. 일식의 두려움을 조금이라도 떨쳐 버리려고 노력한 것이지요.

　북유럽 신화에서는 태양과 달이 늑대에게 쫓기고 있다고 해요. 이 늑대들이 가끔 태양과 달을 집어삼키기도 하는데 그때 일식이나 월식이

일어난다는 거지요. 일식이 일어나면 사람들은 물건을 두드리거나 큰 소리로 외치며 늑대를 놀라게 했어요. 큰 소리에 놀란 늑대가 태양과 달을 토해 내면 일식이 끝난다고 믿었지요.

무서운 동물이 태양을 삼켜 일식이 일어난다는 이야기는 세계 곳곳에 전해져요. 남아메리카의 한 부족은 재규어가 태양과 달을 삼키며, 인도의 한 부족은 호랑이가 태양과 달을 삼키면 일식이나 월식이 일어난다고 믿어요. 그때마다 사람들은 요란한 소리를 내어 태양이나 달을 뱉어 내도록 동물을 놀래는 것이지요.

어떻게 보면 일식은 아주 간단한 천문 현상이에요. 영화관에서 앞 사람의 머리에 가려 화면이 안 보이게 되듯이, 달이 태양을 가리는 현상일 뿐이지요. (일식의 원리는 98쪽을 참조하세요.) 하지만 옛날 사람들은 과학적 지식이 별로 없었기 때문에 터무니없는 여러 가지 이야기들을 꾸며 낸 거예요. 그런데 놀랍게도 아직 이런 이야기를 믿고 있는 사람들이 많아요.

인도네시아 사람들은 용이 해를 삼키면 일식이 일어난다고 믿는데, 인도네시아 정부는 최근까지 신성한 현상인 일식을 직접 관찰하는 것이 불법이라고 선포했었다는군요.

태양의 짝꿍, 달

　신라 아달라왕 때의 일이에요. 동쪽 바닷가에 살던 연오랑과 세오녀 부부는 바위를 타고 일본으로 건너가 왕과 왕비가 되었다고 해요. 그런데 이때부터 큰일이 일어났어요. 태양과 달이 빛을 잃은 거예요. 연오랑과 세오녀 부부는 각각 태양과 달의 정기를 뜻했거든요.

　아달라왕은 일본에 사신을 보내 연오랑 부부를 불러오게 했어요. 하지만 연오랑은 자신들은 신라로 돌아갈 수 없다고 말하며, 그 대신 세오녀가 짠 비단을 주었지요. 그 비단으로 하늘에 제사를 지내라는 말도 했어요. 사신은 신라로 돌아와 왕께 그대로 고했어요. 그리고 연오랑의 말처럼 비단으로 제사를 지내니 태양과 달이 그전처럼 빛을 되찾았다고 해요.

　달은 태양 다음으로 밝은 천체예요. 겉보기에는 크기도 비슷하지요. 태양이 뜨면 환한 낮이 됩니다. 달은 밤이 되어 어두컴컴한 하늘을 은은히 비춥니다. 태양과 달은 다른 별들과 확실히 구별될 정도로 크고 밝아요. 그래서 옛날 사람들은 태양과 달을 짝으로 보았어요. 연오랑과 세오녀처럼 말이에요. 태양은 남자이고 달은 여자이며, 태양은 왕을 뜻하고 달은 왕비를 뜻해요.

　옛날 사람들이 천체를 이처럼 신비롭게 생각한 것만은 아니에요. 태양과 달의 움직임을 자세히 관찰하며 생활에 이용하기도 했지요.

달은 약 29.5일을 주기로 모양이 바뀐다.

예를 들어 태양의 고도가 높은 여름에는 날씨가 무덥고 태양의 고도가 낮은 겨울에는 날씨가 아주 추워요. 옛날 사람들은 태양의 고도 변화를 보고 계절을 알았어요. 계절 변화는 농사에 아주 중요하거든요. 그렇다면 달은 생활에 어떻게 이용되었을까요? 그것은 달의 특징을 잘 살피면 알 수 있어요.

달은 일정한 주기로 모양이 바뀌어요. 오른쪽이 가는 초승달에서 점점 커지고 보름달이 된 후 다시 작아져 왼쪽이 가는 그믐달이 되지요. 옛날 사람들은 매일 달라지는 달의 모양을 보고 날짜를 정했어요. 이처럼 달을 기준으로 만든 달력을 음력이라고 하지요. 그믐달에서 초승달 사이에 달이 보이지 않게 될 때는 삭이라고 하는데, 삭에서 다음 삭까지의 기간이 바로 음력 한 달이에요. 음력 한 달은 29.5일쯤 됩니다.

달의 또 하나의 특징은 표면의 어두운 그림자예요. 요즘에는 거의 모든 사람이 달 표면의 그림자가 무엇인지 알고 있어요. 달 표면에서 높은 지역이 밝게 보이고 낮은 지역은 어둡게 보이는 거잖아요. 높은 지역이 햇빛을 잘 반사하거든요. 하지만 옛날 사람들은 달에 토끼가 산다고 생각했어요. 달 표면의 그림자가 절구질을 하는 토끼처럼 보였기 때문이에요.

일월오봉도와 다섯 행성

임금님이 앉는 의자를 옥좌라고 하는데 옥좌 뒤에는 커다란 그림이 하나 걸려 있습니다. 오른쪽에는 붉은 태양이 있고 왼쪽에는 하얀 달이 있으며, 그 아래에는 다섯 개의 봉우리가 있지요. 이 그림을 일월오봉도라고 해요.

일월오봉도는 왕권을 상징하고 왕실의 번영을 기원한 그림으로 우리 조상의 우주관을 엿볼 수 있다.
(경기대 박물관 소장)

일월은 태양과 달 그리고 오봉은 다섯 행성을 뜻해요. 조선 시대의 임금은 하늘이 내린 자리라는 뜻에서 하늘의 가장 중요한 일곱 천체를 그려 넣은 것이지요.

태양과 달과 다섯 행성은 아주 오래 전부터 알려진 천체들입니다. 그런데 어째서 행성이 다섯 개뿐이냐고요? 천왕성과 해왕성은 너무 멀어서 맨눈으로 볼 수 없어요. 그래서 옛날 사람들은 수성, 금성, 화성, 목성, 토성의 다섯 행성만 알고 있었지요.

이 다섯 행성은 옛날부터 잘 알려졌어요. 왜냐하면 다른 별들보다 훨씬 밝고 이리저리 돌아다니기 때문이에요. 별은 스스로 빛을 내는 천체이지만 행성은 햇빛을 반사하여 빛을 냅니다. 하지만 지구와 아주 가깝기 때문에 우리에게 아주 밝게 보이지요.

또 이리저리 돌아다니는 것처럼 보이는 것도 지구와 가깝기 때문이에요. 가까운 곳의 자동차는 아주 빠르게 움직이지만, 먼 하늘의 비행기는 거의 멈춘 것처럼 보이잖아요. 이리저리 돌아다닌다고 해서 행성을 떠돌이별이라고도 불러요.

옛날 사람들에게 태양과 달과 다섯 행성은 아주 중요한 천체였어요. 그래서 우리 생활에도 많은 영향을 주었지요. 옛날 사람들은 음과 양의 기운이 서로 작용하여 세상 모든 일이 일어난다고 생각했어요. 달은 음의 기운 그리고 태양은 양의 기운을 뜻했지요. 달의 움직임을 기준으로 만든 달력을 음력이라고 하고, 태양의 움직임을 기준으로 만든 달력을 양력이라고 하잖아요.

달력의 요일도 마찬가지예요. 일요일의 일은 태양을 뜻하고 월요일의 월은 달을 뜻해요. 나머지 다섯 요일은 각각 다섯 행성에서 따온 거예요. 서양의 요일 명칭도 마찬가지로 태양과 달과 다섯 행성에서 유래한 것이지요.

태양은 스스로 빛을 내는 별에 지나지 않고 달은 지구 둘레를 도는 작은 천체일 뿐이에요. 또 행성이란 지구처럼 태양의 둘레를 도는 천체를 말하지요. 옛날 사람들이 생각한 것처럼 천체들이 우리에게 어떤 기운을 주어 영향을 끼치는 것은 아니에요.

그렇다고 옛날 사람들의 노력이 헛된 것만은 아니에요. 옛날 사람들은 비록 천체들이 무엇인지 정확히 알지는 못했지만 우리 생활에 편리한 여러 가지 틀을 만들었어요. 시간과 달력과 요일 같은 것들은 모두 옛날 사람들이 천체를 관찰하고 연구한 결과로 만들어진 것들이에요.

불길한 별, 혜성과 유성

두려움의 별, 혜성

　세상을 비추던 태양이 지면 달과 별이 뜹니다. 우리에게 보이는 별은 계절에 따라 조금씩 달라지지만 별들의 밝기나 위치는 거의 변하지 않지요. 밤하늘의 모습은 오랜 세월 거의 똑같습니다. 그런데 갑자기 밝은 별이 나타나면 어떻겠어요? 요즘이라면 새로운 볼거리가 나타났다며 많은 사람이 즐거워할 거예요. 하지만 옛날 사람들은 전쟁이나 기근 같은 불길한 일이 일어날 징조라며 두려워했어요.

　혜성은 얼음과 먼지로 뭉쳐진 작은 천체예요. 그래서 태양에서 멀리 떨어져 있을 때에는 전혀 보이지 않지요. 혜성은 어쩌다 태양 근처까지

날아오기도 하는데 태양에 가까워질수록 점점 뜨거워져요. 그러면 혜성을 이루는 얼음이 녹아 우주 공간으로 뿜어져 나와요. 물을 끓이면 수증기가 뿜어져 나오는 것처럼 말이에요. 우리가 보는 혜성의 긴 꼬리는 바로 햇빛에 녹아 뿜어져 나온 얼음과 먼지예요. 혜성의 꼬리는 햇빛을 반사해서 밝게 빛나거든요.

물론 이런 사실들은 최근에 알려졌어요. 옛날 사람들은 혜성을 알지 못한 채 갑자기 나타난 불길한 별로 여겼지요.

혜성 중에는 일정한 간격으로 태양 근처를 지나는 것들이 있어요. 그 중에서 가장 유명한 것이 핼리혜성이지요. 핼리혜성은 76년에 한 번씩 태양 근처를 지나는데 꼬리가 아주 크고 밝기 때문에 옛날부터 많은 사람들이 관측해 왔어요. 물론 옛날 사람들은 이 혜성이 올 때마다 서로 다른 혜성인 줄 알았지요.

혜성은 태양 둘레를 도는 천체예요. 그런데 지구나 화성과 달리 혜성은 아주 길쭉한 모양의 길을 따라 움직여요. 그래서 태양에 가까울 때에는 밝게 보이지만 태양에서 멀 때에는 전혀 보이지 않는 거예요.

영국의 천문학자 핼리는 혜성을 연구하던 중 이상한 사실을 발견했어요. 1531년과 1607년, 그리고 1682년에 나타난 세 혜성이 거의 같은 길을 따라 움직이는 거예요. 핼리는 이 세 혜성이 같은 혜성이며 약 76년의 주기로 태양 근처를 지난다고 생각했지요. 그래서 1682년에 76을 더한 1758년에 이

혜성이 다시 다가올 것이라고 예측했지요.

이 혜성은 1758년 12월에 핼리의 예측대로 나타났어요. 그래서 사람들은 이 혜성에 핼리혜성이라는 이름을 붙였지요. 핼리혜성은 그 후로도 계속 76년마다 나타났으며, 가장 최근에는 1986년에 모습을 드러냈어요.

하늘에서 떨어지는 별 조각, 유성

김유신은 삼국 통일에 크게 기여한 신라의 장군이에요. 선덕여왕 때 비담이라는 사람이 반란을 일으켰을 때입니다. 김유신은 반란군과 대치하고 있었지요. 그런데 어느 날 밤, 김유신의 성으로 별이 하나 떨어졌어요. 군사들은 이것이 불길한 징조라며 불안에 떨었지요.

군사들의 사기가 떨어지면 싸움에서 질 것이 뻔했어요. 그래서 김유신은 몰래 커다란 연을 하나 만들었어요. 그 연에 횃불을 달고 하늘로 올리며, 전날 떨어진 별이 다시 하늘로 올라갔으니

싸움에서 이길 것이라며 군사들을 안심시켰던 거예요. 이에 사기가 충천한 김유신의 군사들은 무난히 반란군을 무찌를 수 있었대요.

지구 둘레의 우주 공간에는 작은 암석 조각들이 수없이 날아다녀요. 대부분 혜성이나 다른 천체에서 떨어져 나온 조각들이지요. 이 조각들은 모래알보다 작은 것부터 집채만 한 것까지 크기가 다양한데 지구의 인력에 끌려 떨어지기도 하지요. 조각이 떨어질 때 지구의 공기와 마찰하면서 불꽃을 내며 순식간에 타 버리지요. 이것을 유성이라고 해요. 김유신의 이야기에서 나온 별이 바로 유성이에요.

옛날 사람들은 유성이 떨어지면 임금이나 덕망 높은 사람이 죽는다고 생각했어요. 그래서 아주 오래 전부터 유성을 관찰하고 기록했지요. 하지만 모든 유성을 기록할 수는 없었을 거예요. 날씨 좋은 날이면 하룻밤에도 수십 개의 유성을 볼 수 있거든요. 옛날 사람들이 기록한 유성들은 좀 더 크고 밝은 것들이었을 거예요.

어떤 유성은 공중에서 모두 타 버리지 않고 땅에 떨어지기도 합니다. 이렇게 땅에 떨어진 유성을 운석이라고 하지요. 조약돌만 한 운석이 땅에 떨어지면 큰일은 일어나지 않을 거예요. 하지만 집채만 한 운석이 떨어지면 어떻겠어요? 큰 폭발이 일어나며 땅에는 엄청난 웅덩이가 생길 거예요. 이처럼 운석이 충돌하여 만들어진 웅덩이를 운석공 또는 크레이터라고 합니다.

  미국 애리조나 주의 한 사막에는 지름 1.2킬로미터의 큰 웅덩이가 있어요. 이 웅덩이는 수만 년 전에 떨어진 운석 때문에 만들어진 크레이터예요. 옛날에는 지구 표면에도 크레이터가 아주 많았어요. 하지만 비바람에 깎여 거의 모두 사라졌지요. 달 표면에 보이는 수많은 크레이터도 모두 운석 충돌로 만들어진 흔적이에요. 달에는 비바람이 없기 때문에 크레이터가 사라지지 않고 오랫동안 보존될 수 있었지요.

북극성이 포함된 작은곰자리

북두칠성이 포함된 큰곰자리

옥황상제의 별, 북극성

신들의 세계, 밤하늘

옛날 사람들은 하늘에 신들이 살고 있다고 생각했습니다. 밤하늘의 별들은 모두 신들과 신들이 사는 궁궐이라고 생각했지요. 동양에서는 하늘의 임금님을 옥황상제라고 불렀어요. 그렇다면 수많은 별 중에서 어떤 별이 옥황상제의 별일까요? 그것은 별의 움직임을 잘 살펴보면 알 수 있어요.

북쪽 밤하늘을 바라봅시다. 별들은 시간이 흐름에 따라 밤하늘을 가로지르며 움직입니다. 그런데 조금 오랫동안 관찰하면 별들이 동그란 원을 그린다는 것을 쉽게 알 수 있어요. 그 원의 중심에는 밝은 별 하나가 빛나고 있지요. 그 별을 북극성이라고 불러요.

지구는 남극과 북극을 지나는 축을 중심으로 자전을 해요. 태양과 달과 별이 뜨고 지는 것은 지구가 자전하기 때문이지요. 그러니까 엄밀하게 말하면 태양과 달과 별이 뜨고 지는 것이 아니라 자전축을 중심으로 회전한다는 것이 옳을 거예요.

북극성은 밤하늘에서 거의 움직이지 않는 특이한 별이에요. 지구의 자전축을 연장한 곳에 있기 때문이지요. 모든 별의 중심이 되며 움직이지 않는 별, 북극성. 옛날 사람들이 옥황상제라고 생각한 별이 바로 이 북극성이에요.

북극성 근처의 별들은 작은 원을 그립니다. 북극성에서 멀리 떨어져 있는 별들은 큰 원을 그리지요. 북극성을 중심으로 지평선에 접하는 원을 한번 그려 보세요. 북두칠성이나 카시오페이아자리의 별들처럼 이 안쪽에 있는 별들은 지평선 아래로 지지 않습니다. 지평선 아래로 지지 않고 밤새도록 볼 수 있는 이런 별들을 주극성이라고 해요. 우리 조상들은 주극성들이 옥황상제를 보좌하는 신하들이라고 생각했어요.

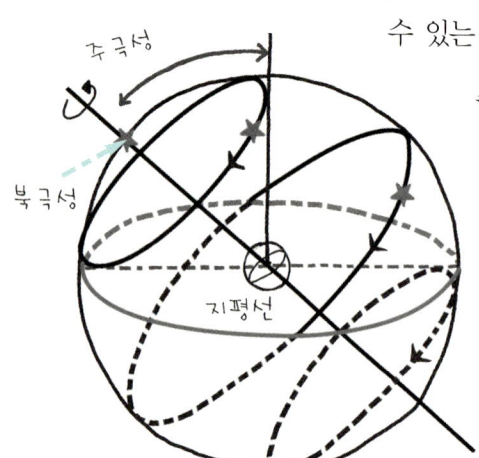

주극성의 원리. 주극성은 지평선 아래로 지지 않는다.

별들을 신이나 영웅들이라고 생각한 것은 서양 사람들도 마찬가지였어요. 그리스 신화에서는 북두칠성이 속해 있는 큰곰자리를 제우스의 연인 칼리스토의 별자리라고 해요. 또 북극성이 속해 있는 작은곰자리를 제우스와 칼리스토의 아들 아르카스의 별자리라고 하지요.

그리스 신화의 여신 헤라는 자신의 남편 제우스가 칼리스토와 바람을 피워 아들을 낳았다는 사실에 크게 분개했어요. 그래서 칼리스토를 커다란 곰으로 만들었지요. 어느 날, 아르카스는 사냥하던 중에 커다란 곰을 만나게 되었어요. 그 곰이 자신의 어머니인 줄 모르는 아르카스는 창으로 찌르려고 했지요. 이 가엾은 장면을 보고 안타까워하던 제우스는 두 모자를 하늘로 올려 별자리로 만들었어요.

자신이 미워하는 사람들이 별자리가 되었다는 사실에 더욱 화가 난 헤라는 바다의 신 오케아노스를 찾아가 소원을 빌었지요. 큰곰자리와 작은곰자리가 수평선 아래에서 휴식을 취하지 못하게 해 달라고

북극성 부근의 별의 움직임. 지구가 자전함에 따라 별이 하늘의 북극을 중심으로 1시간에 15도씩 움직인다.

말이에요. 오케아노스는 헤라의 소원을 들어 주었어요. 그래서 큰곰자리와 작은곰자리는 조금도 쉬지를 못하고 밤새도록 밤하늘을 맴도는 신세가 되었대요.

    그리스 사람들이 어째서 이런 신화를 만들게 되었는지 알겠어요? 이 신화는 바로 두 별자리가 주극성이라는 과학적 사실을 바탕으로 만들어진 이야기예요.

하늘 세계의 강, 은하수

    은하수는 수많은 별들의 모임이에요. 망원경으로 보면 닥지닥지 모여 있는 작은 별들을 볼 수 있지요. 하지만 맨눈에는 뿌연 빛의 줄기처럼 보여요. 그래서 옛날 사람들은 은빛의 강이라는 뜻에서 은하 또는 은하수라고 불렀지요.

    그리스 신화에서는 은하수를 밀키웨이라고 불러요. 밀키웨이란 젖의 길이란 뜻이에요. 그리스 신화의 영웅 헤라클레스는 신의 왕 제우스와 알크메네라는 여인 사이에서 태어났어요. 제우스의 부인이자 신의 여왕 헤라는 당연히 헤라클레스를 미워했지요.

은하수. 맨눈에는 빛의 줄기처럼 보이지만 망원경으로 보면 별들이 모여 있음을 알 수 있다.

헤라클레스가 아기였을 때의 일이에요. 전령의 신 헤르메스는 헤라가 잠든 사이에 헤라클레스에게 헤라의 젖을 먹이려고 했어요. 헤라는 깜짝 놀라 잠에서 깨어 힘차게 젖을 빨던 헤라클레스를 밀쳤지요. 그때 헤라의 젖이 뿜어져 나와 은하수가 되었다는 거예요.

우리나라를 비롯한 동양에서는 은하수가 하늘 세계를 흐르는 강이라고

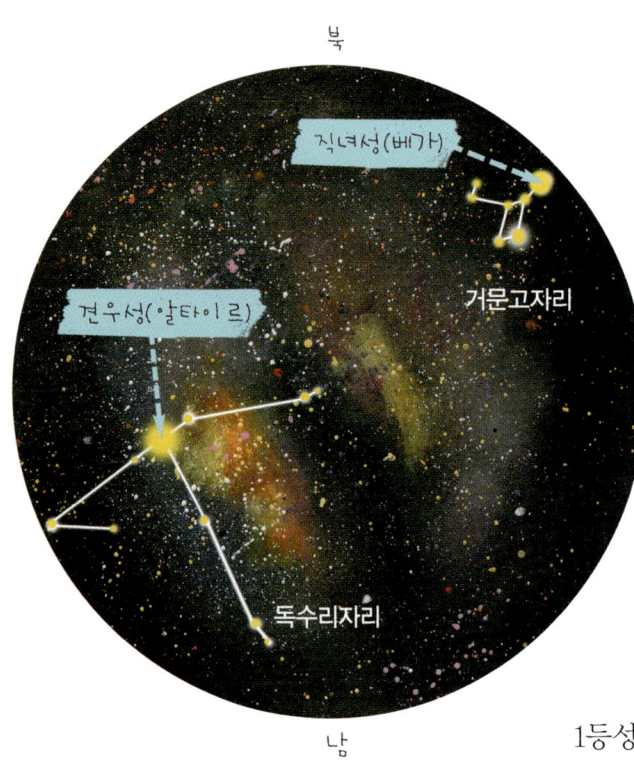

생각했어요. 견우와 직녀 이야기는 바로 은하수에 얽힌 전설이지요.

여름 밤하늘, 은하수를 사이에 두고 동쪽과 서쪽에서 빛나는 밝은 1등성을 볼 수 있어요. 동쪽의 1등성이 견우성이고, 서쪽의 1등성이 직녀성이지요. 서양에서는 견우성을 알타이르, 직녀성을 베가라고 불러요. 알타이르는 독수리자리, 베가는 거문고자리에서 가장 밝은 별이랍니다.

옥황상제의 딸인 직녀는 견우라는 젊은이와 사랑에 빠졌어요. 그런데 둘이 일은 하지 않고 하루 종일 어울리기만 했지요. 옥황상제는 크게 화가 나서 두 사람을 떼어 놓기로 했어요. 은하수를 사이에 두고 견우는 동쪽, 직녀는 서쪽으로 쫓아냈어요. 그리고 1년에 단 하루, 칠월칠석날에만 만날 수 있도록 허락했지요.

여기에서 잠깐 한 가지만 생각해 봐요. 어째서 견우가 동쪽, 직녀가 서쪽으로 쫓겨났는지 말이에요. 견우가 서쪽, 직녀가 동쪽으로 쫓겨나면 안 되는 걸까요? 이야기를 만든 사람 마음대로라고요? 그렇지 않아요. 비록 비과학적이기는 했지만 옛날 사람들에게도 자연 현상과 사물의 이치를 설명하는 일정한 규칙이 있었어요.

우리 조상들은 모든 일을 음과 양의 조화로 설명했어요. 태양은 양의 기운을 띠고 달은 음의 기운을 띠며, 남자는 양의 기운을 띠고 여자는 음의 기운을 띤다고 생각했지요. 또 왼쪽은 양이고 오른쪽은 음이에요. 그런데 옥황상제, 즉 북극성에서 보면 왼쪽은 동쪽이고 오른쪽은 서쪽이잖아요. 그러니까 동쪽은 양이고 서쪽은 음인 거예요.

자, 이제 이해할 수 있지요? 견우는 남자이니까 양을 뜻하는 동쪽으로 쫓겨난 것이고, 직녀는 여자이니까 음을 뜻하는 서쪽으로 쫓겨난 거예요.

그러고 보니 앞에서 이야기한 일월오봉도가 생각나는군요. 그 그림에서 태양은 오른쪽에 있고 달은 왼쪽에 있다고 했잖아요. 태양이 양인데 어째서 오른쪽에 있냐고요? 태양의 위치는 그림을 보는 사람을 기준으로 했을 때에는 오른쪽이지만, 옥좌에 앉은 임금을 기준으로 하면 왼쪽이에요. 그러니 음양의 법칙에 잘 맞는 거예요.

비록 자연을 해석하는 방법은 지금과 많이 다르지만, 옛날 사람들도 나름대로 규칙적인 방법을 가지고 있었던 셈이에요.

옛날 사람들의 지혜, 달력

하늘에는 옥황상제가 살고 은하수는 하늘의 강이며, 남자와 동쪽은 양이고 여자와 서쪽은 음이다! 옛날 사람들 생각은 참 이해할 수 없기도 합니다. 하지만 모두 그런 것은 아니에요. 옛날 사람들도 자신들이 할 수 있는 한도 안에서 밤하늘을 아주 세밀하게 관측했어요. 또 그 관측 결과를 우리 생활에 이용하기도 했지요. 지금 우리가 쓰고 있는 달력이나 시간은 모두 옛날 사람들이 만든 것이에요.

우리가 한 달이니 두 달이니 말할 때 '달'은 하늘의 달을 말하는 거예요. 옛날 사람들은 달의 모양이 변하는 주기를 한 달로 정했으며, 열두 달을 1년으로 정했어요. 이처럼 달을 기준으로 만든 달력을 음력이라고 해요.

지구가 태양 둘레를 한 바퀴 도는 데 걸리는 시간을 1년이라고 해요. 1년은 365일쯤 되지요. 그런데 음력의 열두 달은 365일에 훨씬 못 미쳐요. 음력 한 달은 29.5일인데 여기에 12를 곱하면 354일밖에 안 되거든요. 음력은 한 달을 따지는 데에는 아주 편리하지만 1년을 따질 때에는 아주 복잡해져요.

우리 생활에는 한 달보다 1년이 더 중요해요. 모든 날씨와 생활이 태양과 밀접하기 때문이에요. 그래서 사람들은 달의 모양 변화와 관계없이 1년 365일을 12로 나누어 한 달을 정했어요. 그것이 우리가 쓰는 양력이에요. 양력에서는 한 달이 30일 또는 31일인데 양력 열두 달의 날짜를 모두 합치면

365일이 되지요.

사실 지구가 태양을 한 바퀴 도는 데 걸리는 시간은 365일보다 약간 길어요. 그래서 4년쯤 지나면 하루가 남게 되지요. 옛날 사람들은 이 문제를 해결하기 위해 4년에 한 번씩 1년의 길이를 366일로 정했어요. 그럼 태양의 움직임과 날짜가 잘 들어맞게 되잖아요. 그런데 곰곰 생각해 봐요. 옛날 사람들이 1년의 길이를 어떻게 그처럼 정확하게 알아냈을까요?

태양을 올려다보는 각도를 태양의 고도라고 해요. 태양의 고도는 1년을 주기로 변해요. 더운 여름으로 갈수록 점점 높아지고 추운 겨울로 갈수록 점점 낮아지지요.

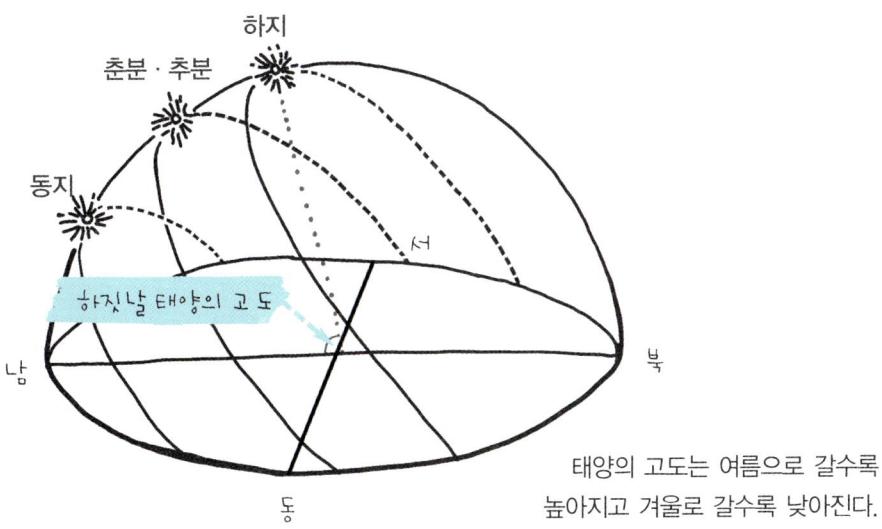

태양의 고도는 여름으로 갈수록 높아지고 겨울로 갈수록 낮아진다.

37

중세 유럽의 달력 그림. 9월 달력으로 포도 수확하는 모습과 별자리가 그려져 있다. 옛날부터 사람들은 하늘의 변화를 관측하고 생활에 이용했다.

태양의 고도가 가장 낮은 때부터 매일 재 본다고 생각해 봐요. 하루하루 지날수록 태양의 고도는 점점 높아진답니다. 그러다가 다시 가장 낮아지는 때가 오겠지요. 옛날 사람들은 그 사이의 시간이 바로 1년이라는 사실을 알고 있었어요. 태양의 고도를 꾸준히 관측하여 1년의 길이를 정확히 잴 수 있었던 것이지요.

여기서 잠깐 생각해 볼 문제가 있어요. 태양의 고도는 하루에도 계속 변하잖아요. 그래서 언제나 같은 방향에 있을 때 태양의 고도를 재어야 해요.

태양이 남쪽에 있을 때 말이에요. 그런데 어느 쪽이 남쪽인지는 어떻게 알 수 있을까요? 나침반이 있으면 된다고요. 그렇지 않아요. 나침반도 정확히 남쪽을 가리키지 않거든요.

하루 종일 태양의 고도를 재 보세요. 그럼 태양의 고도가 가장 높아질 때가 있을 거예요. 그때 태양의 방향이 바로 남쪽이에요.

옛날 사람들은 이처럼 천체의 움직임을 정확히 관측하여 생활에 이용한 거예요.

그래도 지구는 돈다

지구가 우주의 중심에 놓여 있다는 천동설은 1,500여 년 넘게 사실로 여겨졌어요. 많은 과학자가 천체를 관측하고 우주 체계를 좀더 정확하게 설명하기 위해 노력한 결과, 지구가 태양 둘레를 돈다는 사실을 밝혀 냈지요.

천문학이 시작되다

우리의 뿌리를 찾아서

사람들은 밤하늘을 보며 왜 천체를 관측하는 것일까요? 그 이유는 크게 두 가지로 나눌 수 있습니다.

첫째 이유는 천체들의 움직임은 정확한 시간과 계절을 알려 주기 때문이에요. 우리 생활은 시간과 계절에 아주 밀접합니다. 아침에 일어나 움직이기 시작하고 낮에 일을 하며 밤이 되면 잠을 잡니다. 또 봄에 씨앗을 뿌려 여름에 가꾸고 가을에 수확을 하지요. 이처럼 늘 되풀이되는 시간과 계절에 맞추어 생활을 하려면, 무엇인가 때를 알려 주는 기준이 있어야 합니다. 옛날 사람들은 별들이 바로 그런 기준이 될 수 있다는 사실을 발견했지요.

태양과 달과 별의 움직임은 하루, 한 달, 1년의 주기로 언제나 일정합니다. 하늘의 천체들은 달력이자 시계인 셈이에요.

고대 이집트 사람들은 나일 강 유역에서 농사를 짓고 살았습니다. 그런데 나일 강은 매년 7월이면 범람했어요. 범람이란 강물이 불어나 둑을 넘쳐흐르는 현상을 말해요. 이집트 사람들은 나일 강이 범람하기를 기다렸어요. 강물이 넘치면 농사를 짓느라고 황폐해진 땅이 다시 기름진 흙으로 덮이거든요.

이집트 사람들은 나일 강이 언제쯤 범람하는지 알 수 있는 아주 중요한 사실을 발견했어요. 그것은 바로 시리우스라는 별의 출현이에요. 시리우스는 큰개자리의 1등성으로 밤하늘에서 가장 밝은 별이지요. 이집트에서는 매년 7월이면 이 별이 새벽에 동쪽 하늘에서 떠오른답니다. 그러면 나일 강의 물이 불기 시작하고 범람이 시작되는 거예요.

시리우스는 이집트 사람들에게 때를 알려 주는 소중한 달력이었어요. 그래서 옛 이집트 사람들은 시리우스가 떠오르는 날을 1년의 시작으로 삼았답니다.

천체를 관측하는 둘째 이유는 바로 우리 자신의 뿌리를 찾으려는 거예요.

우리는 어떤 세상에서 살고 있는가? 우리는 어떻게 태어나 어떻게 되는 것일까? 우리가 밟고 있는 이 땅은 무엇이고, 저 하늘에서 빛나고 있는 별은 또 무엇일까? 사람들은 아주 오래 전부터 이런 사실을 알고 싶어 했어요. 이런 궁금증은 우리가 태어날 때부터 마음속 깊은 곳에 간직하고 있는 것이라고 할 수 있지요.

옛날 사람들도 이런 궁금증을 풀기 위해 나름대로 노력했어요. 하지만 우리처럼 많은 것을 알지 못했기 때문에 신화와 전설을 만들어 낸 것이지요. 신화와 전설과 달리 과학은 앞에서 말한 두 가지 이유를 풀어 주는 아주 믿음직한 도구랍니다.

과학이 어느 날 갑자기 나타난 것은 아니에요. 과학은 아주 오랜 옛날부터 신화와 전설과 어우러져 조금씩 발전해 왔어요. 신에게 제사를 지낼 정확한 시간을 알아내려고, 또 씨를 뿌릴 정확한 때를 알아내려고 태양과 달과 별을 관측하면서 시작된 것이지요. 우리를 알려면 먼저 우리 주변의 사물들에 대해 알아야 하거든요.

고대 그리스의 천문학자들

 자연은 우리에게 풍요로움을 주기도 하지만 혹독하기도 합니다. 어느 날 갑자기 천둥 번개가 치고 폭풍이 불며 강물이 범람하기도 합니다. 또 한낮에 태양이 사라지기도 하고 달이 모습을 감추기도 하지요. 옛날 사람들은 이처럼 변하는 자연을 두려워했어요. 그래서 자연을 신으로 섬기기도 하고, 또 자연이 무엇인지 알아내려고도 했지요. 신화와 전설과 과학은 그런 이유에서 시작되었어요.

 우리가 배우는 과학은 대부분 고대 그리스에서 시작되었어요. 고대 그리스의 과학자들은 자연을 체계적으로 관찰하고 연구했어요. 그래서 어느 때보다 많은 과학 지식을 쌓게 되었지요.

 요즘 사람들은 어릴 적부터 인공위성에서 찍은 지구 사진을 보며 자랍니다. 그래서 지구가 둥글다는 사실은 물론 지구의 크기도 잘 알고 있지요. 하지만 옛날 사람들은 자신이 태어난 곳에서 자라고 죽었어요. 교통수단이 발달하지 않아 먼 곳까지 갈 수도 없었지요. 그래서 지구가 평평하다고 생각한 적도 있어요. 그런데 놀랍게도 2,000년 전 고대 그리스에서 지구의 크기를 잰 사람이 나타났어요. 바로 에라토스테네스라는 과학자예요.

에라토스테네스를 비롯해서 대표적인 고대 과학자들에 대해 살펴보아요.

지동설을 주장한 아리스타르코스

기원전 310년쯤 사모스 섬에서 태어난 아리스타르코스는 맨 처음 지동설을 주장한 천문학자예요. 옛날 사람들은 대부분 지구가 우주의 중심이라고 생각했어요. 아리스타르코스는 태양이 우주의 중심에 놓여 있으며, 지구를 비롯한 모든 행성은 태양 둘레를 돈다고 주장했지요. 하지만 아리스타르코스의 지동설은 받아들여지지 않았어요.

지구 둘레 길이를 알아낸 에라토스테네스

기원전 276년쯤에 키레네라는 곳에서 태어난 에라토스테네스는 주로 알렉산드리아에서 활동하고 그곳에서 숨을 거두었어요. 에라토스테네스는 지역마다 태양의 고도가 다르다는 사실로부터 지구 둘레의 길이가 39,690킬로미터임을 계산해 냈어요. 최신 기술로 잰 지구 둘레의 길이는 40,008킬로미터라고 하니, 오직 손과 머리와 발로 지구 둘레의 길이를 알아낸 에라토스테네스가 정말 대단하다는 것을 알 수 있지요?

밝기에 따라 별의 등급을 나눈 히파르코스

기원전 190년쯤에 니케아라는 곳에서 태어난 히파르코스는 주로 로도스 섬에서 활동했어요. 히파르코스는 그리스 최고의 천체 관측가로 알려져 있는데, 태양과 달의 움직임은 물론 일식을 예측할 수 있었다고 합니다. 또 별의 위치를 정확히 측정하여 850개의 별을 목록으로 만들기도 했지요. 히파르코스는 별의 목록을 만들면서 가장 밝은 별을 1등성, 맨눈으로 간신히 볼 수 있을 정도의 어두운 별을 6등성으로 정했어요. 그리고 그 사이의 별들을 밝기에 따라 2~5등성으로 나누었지요. 우리가 흔히 말하는 별의 등급은 바로 히파르코스가 맨 처음 사용하기 시작한 거예요.

천동설을 주장한 프톨레마이오스

기원후 90년쯤에 태어난 프톨레마이오스는 알렉산드리아에서 활약한 위대한 천문학자예요. 그때까지 알려진 천문학을 모아 『알마게스트』라는 백과사전을 만들었으며, 이 책은 후대에 큰 영향을 끼쳤지요. 하지만 프톨레마이오스는 아리스타르코스의 지동설을 거부하고 지구가 우주의 중심에 놓여 있다는 천동설을 주장했어요. 프톨레마이오스의 천동설은 너무 영향력이 커서 1,500년이 넘도록 믿어져 왔어요.

아리스토텔레스도 틀렸다

아리스토텔레스는 2,300년 전에 활약하던 고대 그리스의 철학자예요. 아마 서양 문명에 가장 큰 영향을 끼친 철학자일 거예요. 그만큼 많은 업적을 남겼지요. 500년 전까지만 해도 사람들은 아리스토텔레스의 이론을 신의 말씀처럼 생각했어요. 아리스토텔레스가 무엇이든 옳다는 식이었지요.

예를 들어 아리스토텔레스는 무거운 물체가 가벼운 물체보다 더 빨리 떨어진다고 설명했어요. 물론 깃털과 돌을 동시에 떨어뜨리면 돌이 먼저 땅에 닿아요. 하지만 돌이 무겁기 때문에 먼저 떨어지는 것은 아니에요. 깃털은 무게에 비해 부피가 크기 때문에 그만큼 공기의 저항을 많이 받아요. 그래서 천천히 떨어질 뿐이지요.

만일 공기가 없는 곳에서 깃털과 돌을 떨어뜨리면 그 둘은 함께 땅에 닿을 거예요. 또 공기의 저항을 덜 받는 물체, 즉 큰 돌과 작은 돌은 거의 함께 떨어져요. 그런데 옛날 사람들은 실제로 실험도 해 보지 않고 무조건 아리스토텔레스의 설명이 옳다고 믿었어요.

아리스토텔레스가 아무리 뛰어났다고 하더라도 옛날 사람이기 때문에 모르는 것이 많을 수밖에 없었어요. 그런데도 아리스토텔레스를 따르는 사람들은 무조건 아리스토텔레스가 맞다고 생각했지요. 그래서 과학의 발전이 오랫동안 늦어지게 되었어요.

자동차를 타고 돌아다니면 우리 몸이 이리저리 쏠려요. 그런데 지구에 사는 우리들은 지구가 움직이는 것을 느끼지 못해요. 그런 이유 때문에 아리스토텔레스는 지구가 우주의 중심에서 꼼짝 않고 서 있다고 생각했어요. 태양과 달과 행성, 그리고 모든 별은 지구 둘레를 돈다는 것이지요.

또 지구의 물질은 생기기도 하고 사라지기도 하지만 하늘의 물질은 전혀 변하지 않는다고 설명했어요. 하늘은 신이 사는 신성한 곳이니 변할 리가 없다는 것이지요. 프톨레마이오스는 아리스토텔레스의 이 이론을 이어 지구가 우주의 중심에 놓여 있고, 하늘이 지구의 둘레를 돌고 있다는 천동설을 주장했어요. '천동'이란 하늘이 움직인다는 뜻이에요.

물론 아리스타르코스 같은 천문학자는 아주 오래 전부터 태양이 우주의 중심에 놓여 있고, 지구를 비롯한 모든 천체가 태양의 둘레를 돌고 있다는 지동설을 주장해 왔어요. 아리스타르코스는 지구보다 더 큰 태양이 지구 둘레를 돈다는 것이 이상하다고 생각했지요.

고대 그리스의 위대한 물리학자 아르키메데스도 지동설을 믿었어요. 부력의 원리와 지레의 원리를 발견한 바로 그 아르키메데스 말이에요. 하지만 지동설은 아리스토텔레스와 프톨레마이오스와 추종자들에게 핍박을 받았어요. 그리스 최고의 철학자와 최고의 천문학자가 천동설을 주장했으니, 그에 맞서는 지동설은 당연히 설 자리가 없었던 것이지요. 그래서 지동설은 몇몇 사람들을 통해 간신히 후대까지 전해질 수밖에 없었어요.

과학 혁명, 지동설!

코페르니쿠스의 지동설을
나타내는 천체 기구

천동설과 지동설의 대결

프톨레마이오스가 죽고 1,400년쯤 지난 1543년, 폴란드의 천문학자 코페르니쿠스는 자신의 연구 업적을 다룬 『천구의 회전에 관하여』라는 책을 출간했습니다. 코페르니쿠스는 이 책에서 태양이 우주의 중심이며, 지구는 자전을 하면서 태양 둘레를 돈다고 주장했습니다. 코페르니쿠스의 이 주장을 지동설이라고 하는데, '지동'이란 지구가 움직인다는 뜻이에요.

프톨레마이오스의 천동설은 교회의 지원을 받아 그때까지 대단한 위세를 떨치고 있었어요. 지동설을 전파하는 사람들은 하느님을 거역하는 이단으로 몰려 고역을 치르던 때였지요. 그런데 어떻게 코페르니쿠스는 모든 사람이 믿어 의심치 않는 천동설을 물리치고 지동설을 주장하게 된 것일까요?

행성들은 별 사이를 이동합니다. 행성이란 '돌아다니는 별'이란 뜻이에요. 화성을 관측하던 천문학자들은 이상한 현상을 발견했습니다. 매일 조금씩 서에서 동으로 이동하던 화성이 어떤 때에는 동에서 서로 이동하는 거예요. 이처럼 행성이 거꾸로 이동하는 현상을 역행이라고 하지요. 화성의 역행에 대해서 프톨레마이오스는 이렇게 설명했어요.

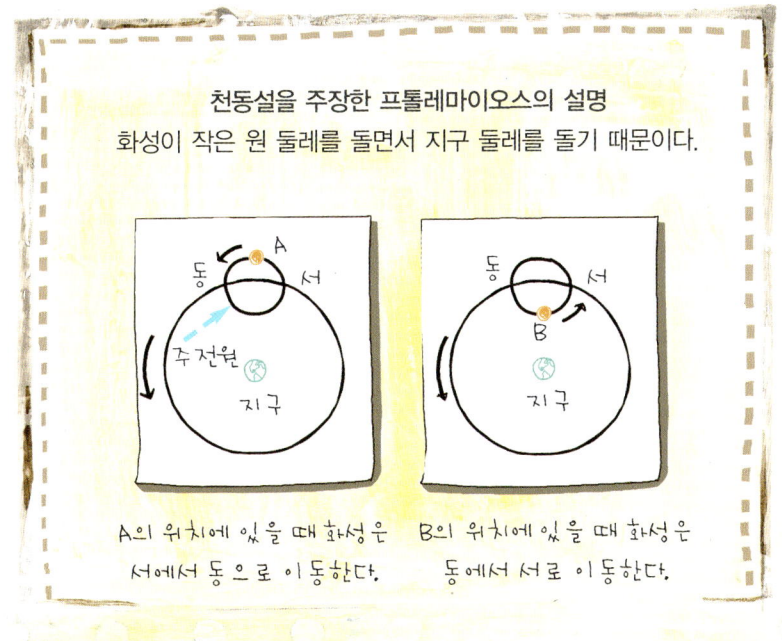

화성이 작은 원 둘레를 돌면서 지구 둘레를 돈다는 주장이에요. 그 작은 원을 주전원이라고 불러요. 그런데 이 주장은 이상한 점이 있어요.

달이 멀리 달아나지 않고 지구 둘레를 도는 이유는 지구가 달을 끌어당기기 때문이에요. 자신을 끌어당기는 것이 없는데 화성이 혼자 작은 원의 둘레를 돈다니 참 터무니없는 주장이 아닐 수 없어요. 하지만 옛날 사람들은 힘에 대해 잘 몰랐기 때문에 프톨레마이오스의 이런 주장도 옳다고 여겼어요.

코페르니쿠스는 천체가 이처럼 복잡하게 움직인다는 사실이 못마땅했어요. 그래서 우주 체계를 좀 더 간단하게 설명할 수 없는지 고민했지요. 그때 코페르니쿠스가 발견한 것이 아리스타르코스의 우주 체계였어요. 앞에서 봤듯이 아리스타르코스는 태양이 우주의 중심에 있으며 지구를 비롯한 모든 행성이 태양 둘레를 돈다고 주장했지요.

코페르니쿠스는 아리스타르코스의 주장을 받아들여 지구가 자전을 하면서 태양의 둘레를 공전한다고 생각했어요. 그랬더니 화성의 역행도 깔끔하게 설명할 수 있는 거예요.

코페르니쿠스가 화성의 역행에 대해서 어떻게 설명했는지 알아볼까요?

지동설을 주장한 코페르니쿠스의 설명
지구와 화성이 태양의 둘레를 공전하기 때문이다.

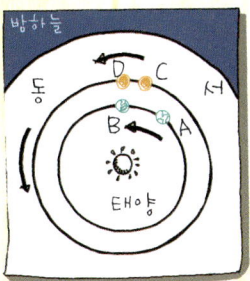 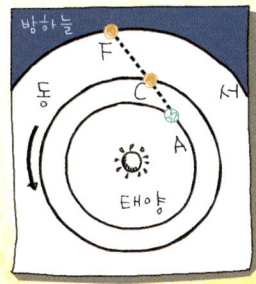 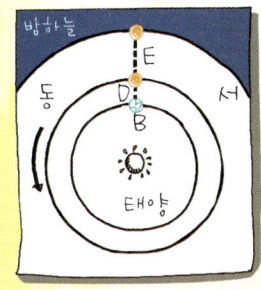

지구가 A에서 B로 이동할 동안 화성은 C에서 D로 이동한다. 왜냐하면 지구가 더 빨리 돌기 때문이다.

지구가 A에 있을 때 화성 C는 밤하늘 F에 보인다.

지구가 B에 있을 때 화성 D는 밤하늘 E에 보인다.

화성이 F에서 E로, 동에서 서로 거꾸로 가는 것처럼 보인다.

종교 재판까지 받은 갈릴레이

코페르니쿠스가 1,800년이나 잠자던 아리스타르코스의 지동설을 흔들어 깨웠지만, 지동설은 많은 사람의 지지를 받지 못했어요. 아리스토텔레스와 프톨레마이오스의 영향력이 그만큼 컸던 거예요. 게다가 그때 서양을 지배하던 로마 교황청에서 지동설을 엄하게 금지했거든요.

코페르니쿠스가 죽은 지 21년이 지난 1564년, 이탈리아에서 갈릴레이라고 불리는 위대한 과학자가 태어났어요. 물리학과 천문학에서 명성을 떨치던 갈릴레이는 코페르니쿠스의 지동설을 믿었어요. 그리고 지동설을 뒷받침하는 여러 가지 증거들을 관측하고 연구하여 『두 우주 체계에 대한 대화』라는 유명한 책을 썼지요.

1608년 네덜란드에서 안경점을 운영하던 리페르스하임이라는 사람은 볼록 렌즈와 오목 렌즈를 이용해 망원경을 만들었어요. 그 소식을 들은 갈릴레이는 이듬해에 자신이 직접 망원경을 만들어 천체를 관측하기 시작했지요. 갈릴레이는 처음으로 망원경을 통해 우주를

갈릴레이의 망원경.
갈릴레이가 맨 처음 만든 망원경은 배율이 3배밖에 안 되었지만 나중에는 배율 30배의 망원경도 만들었다.

갈릴레이는 지동설을 전파했다는 이유로 종교 재판을 받는다.

관측한 과학자예요. 그 덕분에 지동설을 뒷받침하는 많은 증거들을 수집할 수 있었지요.

갈릴레이는 망원경으로 태양의 흑점을 오랫동안 관측했어요. 물론 망원경으로 태양을 직접 보면 눈이 멀어요. 그러니 꼭 필터를 사용해야 하지요. 태양의 흑점은 태양 표면을 따라 움직여요. 갈릴레이는 태양이 자전을 하기 때문에 표면의 흑점도 함께 움직인다고 생각했지요. 또 갈릴레이는 망원경으로 목성의 큰 위성 네 개를 발견하기도 했어요. 이 위성들은 지금도 갈릴레이 위성이라고 불린답니다.

아리스토텔레스는 하늘의 천체는 신성하기 때문에 변하지 않고 완전하다고 믿었어요. 갈릴레이가 발견한 태양의 흑점은 아리스토텔레스의 주장을 반박하는 증거였어요. 태양의 표면에서 흑점이 생겨나고 사라지며 움직이기도 하니까요.

목성의 위성도 지동설을 뒷받침하는 증거의 하나예요. 지동설에 반대하는 사람들은 지구를 비롯한 모든 행성이 태양의 둘레를 돌고 있다면, 어째서 지구에만 위성이 있느냐고 따졌거든요. 그 사람들은 달이 지구 둘레를 돌고 있다는 것이 명확한 만큼 다른 천체들도 지구 둘레를 돈다고 생각해야 한다고 주장했어요. 그런데 다른 행성, 즉 목성 둘레에도 위성이 돌고 있다는 사실이 발견되었으니, 지구가 특별한 천체가 아니라는 사실이 입증된 거예요.

갈릴레이는 자신의 연구 결과를 『두 우주 체계에 대한 대화』에서 발표했어요. 여기에서 두 우주 체계란 천동설과 지동설을 말해요. 갈릴레이는 이 책에서 코페르니쿠스의 지동설을 지지한 것이지요. 하지만 갈릴레이는 지동설을 지지하고 전파했다는 이유로 종교 재판을 받게 되었어요.

갈릴레이는 종교 재판에서 자신의 연구 결과를 부정할 수밖에 없었어요. 그렇지 않으면 목숨을 잃게 될지도 몰랐거든요. 갈릴레이는 재판정에서 간신히 목숨을 건지고 나오면서 이렇게 중얼거렸다고 해요.

"그래도 지구는 돈다!"

비록 교황의 권위에 눌려 자신의 입장을 굽힐 수밖에 없었지만 진리를 외면할 수는 없었던 거예요. 간신히 목숨을 건졌지만 갈릴레이는 유죄 판결을 받아 평생 집안에 갇혀 살았대요. 갈릴레이가 죽은 지 350년이 지난

1992년, 로마 교황청은 과거에 종교 재판에서 내린 갈릴레이의 유죄 판결은 자신들의 과오였다고 인정했어요.

케플러, 타원 궤도를 발견하다

케플러는 갈릴레이와 비슷한 시기에 활약한 독일의 천문학자예요. 케플러는 행성의 궤도가 타원이라는 사실을 처음으로 알아낸 사람이지요. 케플러 이전에는 모든 사람들이 행성은 완전하게 둥근 원 궤도를 그린다고 생각했어요. 갈릴레이도 케플러의 타원 궤도를 믿지 않을 정도였지요. 옛날 사람들은 원을 아주 완전하고도 신성한 도형이라고 생각했어요.

케플러도 지동설을 굳게 믿었어요. 또 천체들이 신성하다는 사실을 인정하지 않았지요. 따라서 천체들이 신성한 원 궤도를 돌 필요도 없다고 생각했어요. 더 중요한 것은 화성의 궤도를 연구하던 중에 나타났어요.

화성 관측 자료를 가지고 궤도를 구하던 케플러는 아무리 노력해도 원을 만들 수 없었어요. 그래서 타원 궤도를 적용해 보니 관측 자료와 궤도가 딱 맞는 거예요. 그래서 케플러는 행성이 타원 궤도를 그린다는 이론을 발표했지요.

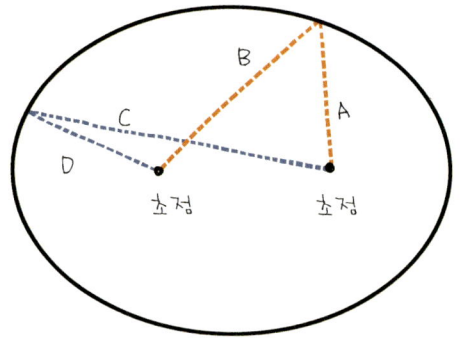

원의 중심은 하나예요. 원의 중심에서 원 둘레의 한 점까지 이은 선분을 반지름이라고 하지요. 원의 반지름은 언제나 같아요. 타원을 그릴 때 중심이 되는 점을 초점이라고 하는데, 타원은 초점이 두 개예요. 타원의 초점에서 타원 둘레의 한 점까지 이은 선분 2개의 길이의 합은 언제나 같아요. 그림에서 A와 B의 길이의 합은 C와 D의 길이의 합과 같은 것이지요.

케플러는 화성이 두 개의 초점을 가지고 있으며, 그 초점의 하나는 바로 태양이라는 사실을 밝혔어요. 케플러의 이 발견으로 지동설은 더욱 힘을 얻었지요. 태양을 중심으로 도는 모든 행성의 운동을 더욱 정확히 설명할 수 있게 되었으니 말이에요.

케플러의 발견으로 이제 모든 천체는 원이 아니라 타원 궤도를 그린다는 사실을 알게 되었어요. 사실 정확히 원을 그린다는 것이 불가능하겠지요. 타원이 어느 정도 길쭉한지는 초점이 얼마나 멀리 떨어져 있느냐에 따라 달라져요. 타원의 두 초점을 점점 가까이 가져가 보세요. 두 초점이 일치하면 원이 되지요.

모든 행성은 태양을 하나의 초점으로 하는 타원 궤도를 그립니다. 그 길쭉한 정도는 행성마다 조금씩 달라요. 명왕성은 얼마 전까지만 해도 행성의 하나였어요. 그런데 명왕성은 다른 행성에 비해 너무 작을 뿐 아니라 궤도가 아주 길쭉해요. 태양에서 가장 먼 행성으로 알려져 있었지만, 궤도가 얼마나 길쭉한지 어떤 때에는 해왕성의 안쪽으로 들어올 때도 있지요. 그런저런 이유로 해서 천문학자들은 2006년에 명왕성을 행성에서 제외했어요.

혜성은 가장 길쭉한 타원 궤도를 그리는 천체예요. 혜성은 명왕성보다 더 먼 곳에서 날아와 태양을 하나의 초점으로 하는 타원 궤도를 그려요. 그 궤도를 도는 데 수천수만 년이 걸리는 혜성도 있대요.

천체 망원경의 발명으로 우주는 수많은 별로 이루어져 있음이 밝혀졌어요. 이제 우주의 크기가 태양계와 은하를 거쳐 수없이 많은 은하로 이루어진 드넓은 공간으로 확장된 거예요.

태양계 행성들

새로운 발견들

다섯 행성에서 여덟 행성으로

갈릴레이 이후 망원경은 천체 관측에 널리 이용되었습니다. 또한 망원경의 크기도 점점 커졌지요. 망원경에서는 렌즈의 지름, 즉 구경이 아주 중요합니다. 구경이 클수록 더 어두운 별도 볼 수 있으니까요. 그런데 렌즈는 크게 만들기가 아주 어려워요. 렌즈는 크게 만들수록 두꺼워지기 때문이지요. 어떻게 하면 큰 망원경을 쉽게 만들 수 있을까? 그 문제는 오목 거울을 이용해 해결되었어요.

오목 거울은 볼록 렌즈처럼 빛을 모으는 성질을 갖고 있어요. 영국의 위대한 물리학자 뉴턴은 1671년에 오목 거울의 이런 성질을 이용해 반사 망원경을 만들었어요. 오목 거울은 렌즈에 비해 만들기가 쉬워요. 그래서 천문학자들은 갈릴레이의 망원경보다 훨씬 큰 천체 망원경을 만들 수 있게 되었지요.(천체 망원경의 원리는 128쪽을 참조하세요.)

천체 망원경의 등장으로 너무 멀어서 맨눈에는 보이지 않던 새로운 행성들이 속속 발견되었어요. 1781년에는 영국의 천문학자 허셜이 자신이 만든 반사 망원경으로 천왕성을 발견했어요. 1846년에는 독일 베를린 천문대의 갈레라는 천문학자가 해왕성을 발견했지요. 그리고 1930년에는 미국 로웰 천문대의 톰보라는 천문학자가 명왕성을 발견했어요.

이로써 태양 둘레를 도는 행성은 다섯 개에서 모두 아홉 개로 늘어났지요. 그런데 앞에서 설명한 것처럼 명왕성은 다른 여덟 행성과 너무 달랐어요. 크기는 지구의 위성인 달보다 작고 궤도도 너무 길쭉했지요. 더구나 관측 기술이 발전함에 따라 명왕성보다 크거나 비슷한 천체들이 더 발견되었어요. 그렇다면 행성의 수가 너무 많아져 복잡하게 되잖아요.

천문학자들은 이 문제를 해결하기 위해

천체 망원경으로 하늘을 관찰하는 천문학자 허셜의 모습

2006년 8월 24일 함께 모여서 회의를 했어요. 그 결과 명왕성을 행성에서 제외하기로 결정했지요. 옛날부터 알려진 5개의 행성이 9개로 늘었다가 다시 8개로 줄어든 거예요. 이제, 8개 행성에 대해 자세히 알아볼까요?

수성

행성 중에서 가장 작습니다. 태양에 가장 가깝기 때문에 표면이 불구덩이처럼 뜨겁지요. 수성의 표면은 크레이터로 덮여 있어요. 수성은 새벽이나 초저녁에 맨눈으로도 볼 수 있지만 태양에 너무 가깝기 때문에 쉽게 볼 수가 없어요.

금성

지구와 크기가 비슷한 금성은 아주 두꺼운 구름으로 덮여 있어요. 그래서 햇빛을 잘 반사하지요. 또 지구에 가깝기 때문에 아주 밝게 보여요. 새벽에 동쪽 지평선에서 밝게 빛나는 샛별이 바로 금성이에요. 또 어떤 때에는 초저녁에 서쪽 지평선에 보이기도 하지요.

지구

공기와 물이 있어 유일하게 생명체가 살고 있는 행성이에요. 지구에 생명체가 살기 알맞은 이유는 태양에서 적당한 거리에 떨어져 있기 때문이에요. 달이라고 불리는 아주 큰 위성을 가지고 있지요.

화성

화성은 크기가 지구의 절반쯤 되지만 표면이 지구와 비슷하기 때문에 옛날부터 생명체가 살지도 모른다고 알려져 왔어요. 하지만 아직까지 생명체의 흔적은 발견되지 않고 있지요. 화성은 표면이 붉은 흙으로 덮여 있어 우리에게도 붉게 보입니다. 데이모스와 포보스라는 두 개의 위성을 가지고 있지요.

목성

목성은 가장 큰 행성으로 지구보다 300배나 무거워요. 짙은 가스로 이루어져 있으며 이 가스들은 지구의 태풍처럼 소용돌이치고 있어요. 목성 표면에 보이는 붉은 점 모양의 소용돌이는 지구보다 큰데 수백 년 동안 사라지지 않고 있대요. 목성은 현재 63개의 위성을 가지고 있는 것으로 알려져 있어요.

토성

토성은 목성 다음으로 큰 행성으로 목성처럼 짙은 가스로 이루어져 있어요. 토성은 예로부터 아름다운 고리를 가진 행성으로 잘 알려져 있지요. 목성이나 천왕성, 해왕성에도 고리는 있지만 토성의 고리가 가장 크고 화려하답니다. 토성은 현재 61개의 위성을 가지고 있는 것으로 알려져 있어요.

천왕성

천왕성은 토성 다음으로 큰 행성으로 목성이나 토성처럼 짙은 가스로 이루어져 있어요. 대부분의 행성들은 궤도면에서 크게 기울어지지 않은 채 자전하고 있지만, 천왕성은 거의 누워서 자전을 하고 있답니다. 천왕성은 현재 27개의 위성을 가지고 있는 것으로 알려져 있어요.

해왕성

해왕성은 크기는 천왕성보다 약간 작지만 무게는 약간 더 무거운 행성이에요. 그 외에는 천왕성과 비슷하지요. 태양에서 가장 멀기 때문에 태양 둘레를 도는 데 그만큼 오래 걸려요. 해왕성이 태양 둘레를 한 번 도는 데 165년이나 걸리지요. 해왕성은 현재 13개의 위성을 가지고 있는 것으로 알려져 있어요.

수많은 태양들

코페르니쿠스의 지동설을 태양 중심설이라고도 해요. 태양이 우주의 중심이라고 주장했기 때문이에요. 그때만 하더라도 사람들은 우주가 태양과 행성과 별로 이루어져 있다고 생각했어요. 별은 그저 우주의 끄트머리에서 태양 둘레를 도는 빛의 덩어리이며, 천구라고 불리는 커다란 공 모양의 벽에 단단하게 고정되어 있다고 생각했어요.

갈릴레이도 이 생각에서 크게 벗어나지 못했어요. 그런데 갈릴레이와 비슷한 시기에 활동했던 사람 중에 지동설을 뛰어넘은 사람이 있었어요. 바로 브루노라고 불리는 이탈리아 출신의 철학자이자 천문학자예요.

브루노는 자유롭고 신비로운 사람이었어요. 아리스토텔레스와 가톨릭에 맞서는 이론을 서슴없이 발표했지요. 브루노는 지구가 우주의 중심이 아니라 태양 둘레를 도는 행성의 하나라고 생각했어요. 그래서 코페르니쿠스의 지동설을 지지했지요. 하지만 코페르니쿠스나 갈릴레이와 달리 태양이 우주의 중심이라고 생각하지는 않았어요.

브루노는 많은 사람이 빛의 덩어리라고 믿고 있던 별들이 모두 태양과 같은 천체이며, 우주는 끝없이 펼쳐진다고 생각했지요. 아리스토텔레스와 가톨릭의 이론을 반박하던 브루노는 결국 이단으로 몰려 종교 재판을 받았어요. 그리고 1600년 2월 17일 화형당하고 말았어요.

코페르니쿠스와 갈릴레이 그리고 브루노 같은 선구자들의 노력으로 사람들은 별과 우주에 대해 더욱 정확히 알게 되었어요. 물론 브루노의 주장이 받아들여지기까지 더 많은 시간이 필요했지만 말이에요.

지구나 달은 햇빛을 반사하여 빛납니다. 다른 행성과 혜성도 마찬가지예요. 태양 같은 별은 스스로 빛을 내지요. 나무나 석탄을 태우면 뜨거운 열기와 함께 빛이 나옵니다. 하지만 태양이나 별이 어떤 물체를 태우면서 빛을 내는 것은 아니에요. 태양이나 별을 빛나게 하는 원인은 원자핵 에너지예요.

원자는 원자핵이라는 중심 부분과 원자핵 둘레를 도는 전자로 이루어져 있어요. 또 원자핵은 여러 개의 아주 작은 입자로 이루어져 있지요. 그래서 원자핵은 쪼개지기도 하고 서로 달라붙기도 하지요. 무거운 원자핵이 가벼운 원자핵으로 쪼개지는 것을 핵분열이라고 해요. 가벼운 원자핵이 서로 달라붙어 무거운 원자핵으로 바뀌는 현상을 핵융합이라고 하지요.

핵분열이나 핵융합이 일어날 때에는 아주 큰 에너지가 나옵니다. 이런 현상은 너무나도 유명한 물리학자인 아인슈타인이 밝혀낸 사실이에요. 원자력 발전소에서는 바로 이 핵분열을 이용해 전기를 만들어 내고 있어요.

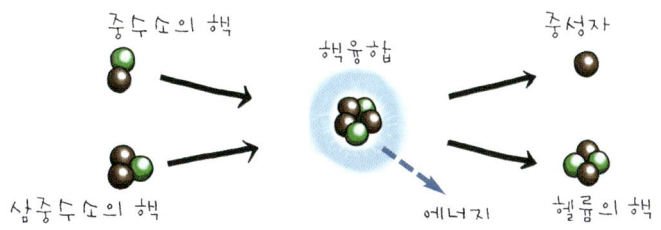

핵융합은 수소의 핵이 결합하여 헬륨의 핵으로 바뀌는 반응이다.
이때 엄청난 에너지가 나온다.

또한 원자 폭탄은 핵분열, 수소 폭탄은 핵융합을 이용해 큰 파괴력을 내는 무서운 무기지요.

별은 아주 짙은 수소 기체로 이루어져 있는데, 그 중심부의 온도와 압력은 아주 높지요. 이런 상태에서는 수소의 원자핵들이 서로 결합하여 더욱 무거운 헬륨의 원자핵이 됩니다. 다시 말해 수소 핵융합이 일어나는 거예요. 별은 그때 나오는 엄청난 에너지로 열과 빛을 낸답니다.

우주의 중심에서 밀려난 태양

망원경으로 태양과 달을 관측하던 갈릴레이는 어느 날 은하수에 망원경을 돌렸어요. 그리고 놀라운 모습을 보게 되었지요. 맨눈에는 그저 뿌옇게 보이던 은하수가 하나하나의 별로 드러났던 거예요. 은하수는 하늘을 흐르는 젖의 강이 아니라 수많은 별의 모임이라는 사실이 처음 밝혀진 순간이지요.

이때부터 우주에는 셀 수 없이 많은 별이 있다는 사실이 알려졌어요. 또 그 별들 하나하나는 모두 태양처럼 빛나는 커다란 천체라는 사실도 알려졌지요.

갈릴레이 때만 하더라도 사람들은 태양계가 바로 우주라고 생각했어요. 하지만 별과 은하수의 정체가 밝혀지면서 사람들은 태양이 우주의 특별한 천체가 아니라고 믿게 되었지요. 또 우주는 태양과 행성으로 이루어진 것이 아니라 수많은 별로 이루어져 있다고 생각하게 되었어요. 우주가 태양계에서 은하로 커진 거예요.

천문학자들은 이제 은하의 모습을 연구하기 시작했어요. 은하가 얼마나 크고 어떤 모양을 하고 있는지 여러 사람들이 의견을 내기 시작했지요. 허셜 같은 천문학자들은 은하가 납작한 원반 모양을 하고 있다고 생각했어요. 이렇게 생각하면 밤하늘의 은하수를 설명할 수 있어요.

은하의 크기와 태양의 위치를 알아낸 사람은 섀플리라는 천문학자예요. 섀플리는 1900년대 초에 활약한 미국의 천문학자로서 윌슨 산 천문대에서 60인치 반사 망원경으로 은하의 여러 천체들을 관측했어요. 그리고 우리 은하의 크기가 10만 광년쯤이며, 태양이 은하의 중심에서 3만 광년쯤 떨어진 곳에 위치한다는 사실을 계산해 냈지요. 광년이란 거리를 나타내는 단위로서 빛이 1년 동안 달린 거리를 1광년이라고 한답니다.

샤플리 이전에는 태양이 은하의 중심이라고 생각했어요. 그런데 샤플리의 연구에 따라 태양은 수많은 별 중의 평범한 하나의 별이 된 거지요. 코페르니쿠스와 갈릴레이에 의해 우주의 중심에 우뚝 섰던 태양이 은하의 변방으로 밀려난 거예요.

막대 나선 은하

오리온성운

타원 은하

끝없이 펼쳐지는 우주

새롭게 발견한 천체, 성단과 성운

천체 망원경의 발명은 우주의 모습을 밝히는 데 큰 기여를 했어요. 맨눈에는 똑같이 별로 보이는 천체들이 속속 제 모습을 드러내기 시작했으니까요. 천문학자들은 천체 망원경으로 태양계 저 너머를 들여다보기 시작했어요. 그리고 행성과 혜성 외에 새로운 천체들을 발견했지요.

겨울철의 대표적 별자리 중의 하나인 황소자리에는 플레이아데스라는 멋진 천체가 있어요. 여러 개의 별이 오밀조밀 뭉쳐 보이는 이 천체를 우리나라에서는 좀생이별이라고 부르지요.

플레이아데스는 맨눈에도 7개쯤의 작은 별로 보입니다. 그런데

산개 성단인 플레이아데스성단.　　　　　　　　　　구성 성단인 헤라클레스성단.

망원경으로 보면 수십 수백 개의 별이 나타납니다. 플레이아데스는 사실 수백 개의 별이 모여 이루어진 커다란 천체였던 거예요. 천문학자들은 이처럼 수많은 별이 모여 이루어진 천체를 성단이라고 불러요. 천문학자들은 성단을 산개 성단과 구상 성단, 두 가지로 나누기도 하지요.

　산개 성단의 산개는 흩어져 있다는 뜻이고, 구상 성단의 구상은 공 모양이라는 뜻이에요. 그 말처럼 산개 성단은 수백 개의 별이 일정한 모양을 갖추지 않고 모여 있는 천체를 말해요. 플레이아데스성단처럼 말이에요. 구상 성단은 산개 성단보다 훨씬 커요. 수만에서 수십만 개의 별이 공 모양을 이루며 빽빽하게 모여 있지요.

천체 망원경으로 발견한 또 하나의 천체는 성운이에요. 성운 중에서 가장 유명한 것은 아마 오리온성운일 거예요. 오리온성운은 오리온자리의 허리 근처에서 볼 수 있는데, 맨눈으로는 잘 보이지 않아요. 망원경에는 오리온성운이 뿌연 구름처럼 보여요. 성운이란 구름처럼 보이는 별이란 뜻이에요.

성단이 별로 이루어진 데 비해 성운은 짙은 기체로 이루어져 있어요. 최근에는 이 기체 덩어리 속에서 새로운 별들이 탄생하고 있다는 사실도 밝혀졌지요. 그런데 성운 중에는 성운이 아닌 성운도 있어요. 옛날 사람들은 성운인 줄 알았지만 커다란 천체 망원경으로 보니 수없이 많은 별의 집단이었던 것이지요. 안드로메다은하가 바로 그런 성운 중의 하나예요.

안드로메다는 아주 오래 전부터 알려져 왔던 성운이에요. 1,000년 전쯤에 활약한 페르시아의 수피라는 천문학자는 안드로메다를 관측하여 자신의 별 목록에 올리기도 했지요. 하지만 천문학자들은 안드로메다가 성운이 아니라 수많은 별로 이루어진 우리은하 밖의 은하라는 사실을 밝혀냈어요.

안드로메다는 아주 멀기 때문에 보통 망원경으로 보아도 뿌연 구름처럼 보였던 거예요. 비록 성운이 아니라 은하임이 밝혀졌지만 요즘에도 안드로메다은하를 그냥 안드로메다성운이라고 부르는 사람도 많아요.

우리은하를 넘어서

1900년대 초만 하더라도 천문학자들은 우리은하가 우주의 전부라고 생각했습니다. 그런데 그때의 천문학자들에게 골치 아픈 문제가 하나 있었어요. 그 문제는 나선 성운의 거리에 관한 거였지요.

천체 망원경으로 우주를 관측하던 천문학자들은 바람개비처럼 생긴 뿌연 천체들을 발견했어요. 그리고 이 천체들을 나선 성운이라고 불렀지요. 안드로메다성운은 그런 나선 성운 중의 하나였어요. 그런데 더욱 커다란 천체 망원경이 만들어지면서 이 나선 성운은 기체로 이루어진 성운과 달리 별로 이루어져 있다는 사실이 밝혀졌어요.

수많은 별로 이루어져 있지만 뿌연 구름처럼 보일 정도라면 나선 성운은 도대체 얼마나 먼 곳에 있는 천체일까요? 어떤 천문학자들은 나선 성운이 우리은하 밖에 있는 또 다른 은하라고 주장하기 시작했어요. 더 나아가 우주에는 우리은하 같은 은하들이 수없이 많다고 주장하는 천문학자들도

은하단
(수백 개의 은하들로 구성된 외부 은하)

나선 은하(위에서 본 모습)

나선 은하(옆에서 본 모습)

나타나게 되었어요. 하지만 많은 천문학자는 그럴 리가 없다고 주장했지요.

이처럼 주장이 엇갈리게 된 것은 나선 성운의 거리를 정확히 잴 수 없었기 때문이에요. 그런데 1912년 미국의 리비트라는 여성 천문학자가 세페이드 변광성을 이용해 나선 성운의 거리를 정확히 잴 수 있는 멋진 방법을 발견했어요.

변광성이란 일정한 주기로 밝기가 변하는 별을 말해요. 세페이드 변광성이란 여러 종류의 변광성 중 하나예요. 리비트는 세페이드 변광성의 주기로부터 밝기를 구하는 방법을 알아냈어요. 별의 밝기를 알면 거리는 쉽게 구할 수 있어요. 별의 밝기는 거리에 따라 달라지거든요.(별의 밝기와 거리의 관계는 85쪽을 참조하세요.) 이 방법으로 안드로메다성운의 거리를 알아낸 사람은 미국의 천문학자 허블이에요.

1923년, 허블은 안드로메다성운에서 세페이드 변광성을 발견했어요. 그리고 이 변광성의 주기로부터 안드로메다성운의 거리가 230만 광년이라는 사실을 알아냈지요. 230만 광년이라면 우리은하의 크기보다 20배나 먼 거리예요. 이제 누구도 안드로메다성운이 우리은하 안의 천체라는 말을 못하게 되었어요.

허블을 비롯한 천문학자들은 더 많은 나선 성운을 관측하고 거리를 구해 냈어요. 그리고 이 나선 성운이 모두 우리은하 밖의 커다란 천체임을 밝혀냈지요. 성운은 우리은하 안에 있는 기체의 덩어리를 말해요. 그렇다면 우리은하 밖에 있는 나선 성운을 더 이상 성운이라고 부르면 안 되겠지요. 이 나선 성운들은 우리은하와 마찬가지로 크고 수많은 별로 이루어진 천체이니까요. 그래서 천문학자들은 이런 천체들을 우리은하 밖에 있는 은하라는 뜻에서 외부 은하라고 부르기로 했어요.

이제 우주의 크기가 태양계와 은하를 거쳐 수없이 많은 은하로 이루어진 드넓은 공간으로 확장된 거예요.

수많은 은하로 이루어진 우주

별 1천억 개로 이루어진 우리은하

천문학자들은 참 대단한 사람들이에요. 지구를 벗어나지도 않고 태양계의 모습을 그릴 수 있으니까요. 천문학자들은 더 나아가 우리은하의 크기와 모습도 그려 냈어요.

우리은하를 위에서 보면 둥글게 보여요. 그렇다고 공 모양은 아니에요. 옆에서 보면 납작하니까요. 그리고 중심부는 약간 부풀어 올라와 있어요. 마치 접시 두 장을 붙여 놓은 것처럼 말이에요. 전체적인 모습은 이렇게 간단하지만 세부적인 모습은 아주 복잡해요.

우리은하의 중심부에는 별과 가스가 아주 빽빽하게 모여 있어요. 이 중심부에서는 여러 줄기의 짙은 가스가 소용돌이치며 뻗어 나와요. 이 기다란 가스의 줄기를 나선팔이라고 하는데, 나선팔에는 새로 태어나는 별들이 아주 많아요.

우리은하의 모습

옆에서 본 모습

우주 공간에 모여 있는 가스의 덩어리를 성운이라고 했잖아요. 나선팔을 이루는 짙은 성운에서는 별들이 탄생하고 있기 때문이에요.

우리은하를 옆에서 보면 납작하다고 했어요. 그렇다고 나선팔의 바깥쪽에 아무것도 없는 것은 아니에요. 나선팔에는 짙은 성운과 새로 태어난 별들이 많지만, 나선팔의 바깥쪽에는 성운이 거의 없어요. 그 대신 태어난 지 오래된 별들과 공 모양으로 모여 있는 별의 덩어리, 즉 구상 성단이 넓게 흩어져 있어요.

위에서 본 모습

천문학자들은 나선팔의 바깥 부분을 헤일로라고 불러요. 헤일로는 마치 지구를 둘러싼 대기처럼 아주 희박하게 퍼져 있어요. 아마 우리은하 밖에서 본다면 헤일로는 눈에 잘 띄지 않을 거예요.

우리은하의 지름은 10만 광년쯤 된다고 해요. 빛의 속도로 달려 이쪽 끝에서 저쪽 끝까지 가는 데 10만 년이 걸리는 셈이지요. 중심부의 두께는 6,000광년쯤 되는데 바깥으로 갈수록 점점 얇아져요. 헤일로의 크기는 우리은하 지름의 두세 배쯤 된다고 해요.

이처럼 커다란 우리은하에는 별이 1천억 개쯤 된다고 해요. 우리 태양은 그 수많은 별의 하나에 불과하지요. 한때는 태양이 우리은하의 중심이라고 생각한 적도 있어요. 하지만 태양은 우리은하의 중심에서 3만 광년쯤 떨어진 곳에 있어요. 태양은 우리은하의 중심은커녕 가장자리의 한 구석을 차지하고 있는 셈이지요.

세상에 움직이지 않는 것은 없어요. 지구가 태양 둘레를 돌듯이 태양은 우리은하 중심부의 둘레를 돌아요. 태양이 우리은하 중심부를 한 바퀴 도는 데 2억 5천만 년이나 걸린다는군요. 먼 우주에서는 우리은하가 마치 천천히 회전하는 거대한 바람개비처럼 보일 거예요.

외부 은하의 모양은 갖가지

인공위성에서 지구를 보듯이 우주 탐사선에서 우리은하를 볼 수는 없어요.

하지만 대형 천체 망원경만 있으면 우리은하의 모양을 볼 수도 있어요. 우리은하 밖에는 우리은하와 아주 비슷한 외부 은하들이 많으니까요. 거울이 없이도 나와 비슷한 사람을 보고 내 모습을 상상해 보는 것과 같다고 할까요?

은하는 아주 커서 우리가 이쪽저쪽에서 바라볼 수는 없어요. 언제나 한쪽의 모습만 볼 수 있는 거지요. 그래서 어떤 외부 은하는 위에서 본 모양, 또 어떤 은하는 옆에서 본 모양을 하고 있지요. 대부분의 은하는 비스듬히 본 모양을 하고 있어요.

안드로메다은하는 우리은하와 가장 가까운 외부 은하예요. 우리은하를 위에서 약간 비스듬한 각도로 본다면 그 모양이 안드로메다은하와 비슷할 거예요. 하지만 중심부가 조금 달라요. 안드로메다은하의 중심부는 공 모양인데 우리은하의 중심부는 약간 길쭉하고 두툼한 막대 모양이에요. 안드로메다은하는 우리은하에서 200만 광년쯤 떨어져 있어요.

외부 은하의 모양이 모두 안드로메다은하처럼 생긴 것은 아니에요. 안드로메다은하가 외부 은하임을 밝힌 허블은 외부 은하를 모양에 따라 몇 가지 종류로 나누었어요.

안드로메다은하처럼 소용돌이 모양을 한 외부 은하를 나선 은하라고 불러요. 옛날 사람들이 나선 성운이라고 불렀던 천체가 바로 나선 은하예요. 우리은하처럼 겉모양은 나선 은하와 비슷한데 중심부가 두툼한 막대처럼 생긴 외부 은하도 있어요. 이런 은하를 막대 나선 은하라고 부르지요.

모든 은하가 나선팔을 가지고 있는 것은 아니에요. 어떤 은하는 수많은 별이 마치 계란처럼 길쭉한 공 모양을 하고 있지요. 이런 은하를 타원 은하라고 불러요. 또 은하 중에는 흐트러진 구름처럼 아무렇게나 생긴 것도 있어요. 이런 은하를 불규칙 은하라고 부르지요.

오스트레일리아처럼 남반구의 밤하늘에서는 크고 뿌연 두 개의 천체를 볼 수 있어요. 큰 것을 대마젤란성운, 작은 것을 소마젤란성운이라고 부르지요. 옛날 사람들은 이 천체가 성운이라고 생각했어요. 그런데 사실 이 천체는 불규칙 은하예요. 그것도 우리은하에 아주 가까워서 거의 달라붙어 있을 정도예요.

허블은 자신이 나눈 은하의 모양을 가지고 도표를 만들었어요. 이 도표는 타원 은하에서 시작하여 나선 은하와 막대 나선 은하의 두 갈래로 나누어지지요. 그리고 이 도표에 해당하지 않는 은하는 불규칙 은하로 분류했어요. 허블의 이 분류 도표는 요즘에도 사용되고 있답니다.

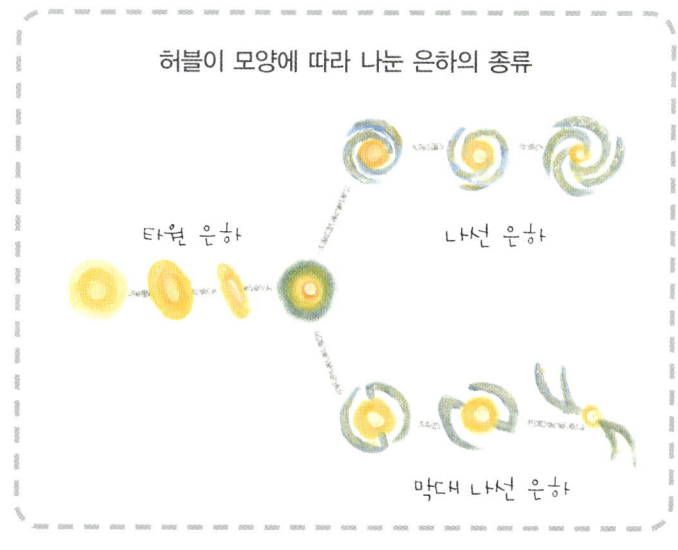

허블이 모양에 따라 나눈 은하의 종류

신비로운 별의 과학

거리에 따라 달라지는 별의 밝기

　태양은 크지도 않고 작지도 않은 평범한 별이에요. 그런데 지구를 밝혀 줄 만큼 밝은 것은 아주 가깝기 때문이지요. 밤하늘의 별 중에는 태양보다 수천 배나 크고 밝은 것들이 많아요. 하지만 너무 멀기 때문에 빛의 점으로 보이는 거예요. 이처럼 별의 밝기는 가까울수록 밝고 멀수록 어두워요.
　별이 멀수록 어두워지는 이유는 별빛이 사방으로 퍼지면서 나아가기 때문이에요.

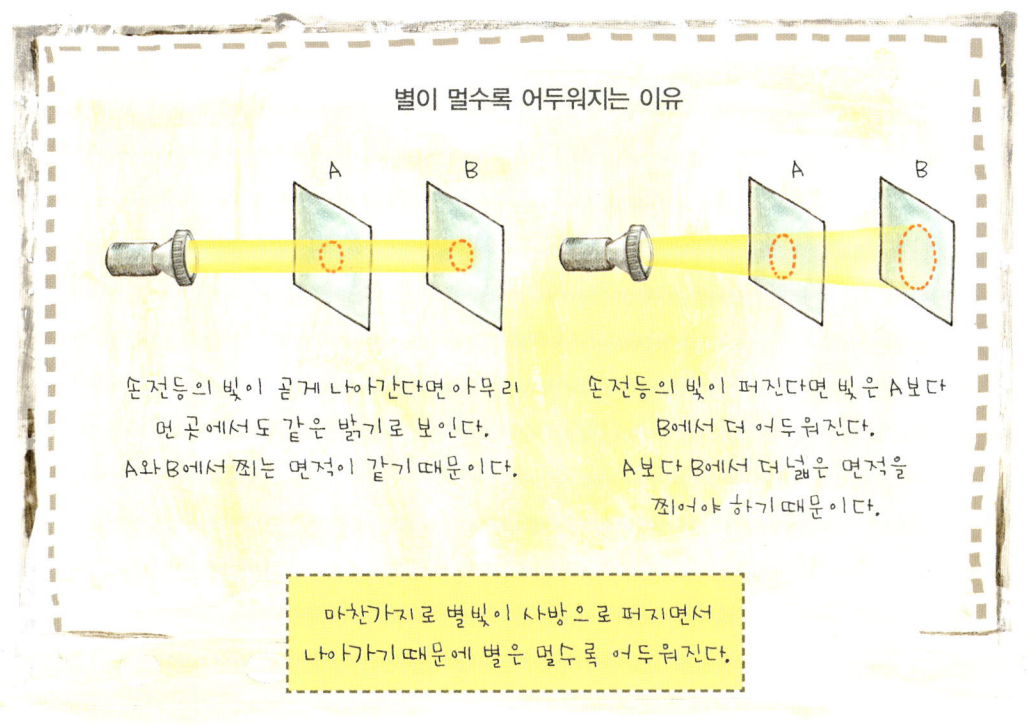

별이 거리에 따라 어두워지는 비율은 일정해요. 예를 들어 거리가 두 배 멀어지면 밝기는 4분의 1이 되고, 거리가 세 배 멀어지면 밝기는 9분의 1이 되지요. 천문학자들은 거리와 밝기 관계를 이용해 별의 거리를 측정하기도 해요. 예를 들어 C와 D의 두 별의 실제 밝기가 같다고 해 봐요. 그런데 지구에서 관측해 보니 C가 D보다 4배 더 어두웠어요. C의 거리가 그만큼 멀기 때문이에요. 그렇다면 C가 D보다 두 배 멀리 있다는 뜻이에요. 거리가 두 배 멀어지면 밝기는 4분의 1이 된다고 했으니까요.

밤하늘에서 가장 밝은 별을 1등성, 가장 어두운 별을 6등성이라고 했어요. 이 밝기는 별의 실제 밝기가 아니에요. 단지 우리가 맨눈으로 보았을 때의 밝기일 뿐이지요. 실제로는 밝은 별이라도 멀리 있으면 어둡게 보이고, 실제로는 어두운 별이라도 가까이 있으면 밝게 보이지요.

흔히 맨눈으로 볼 수 있는 별의 개수는 2,000개에서 3,000개쯤이라고 해요. 이 별들은 대부분 우리은하 안의 별들이에요. 외부 은하의 별들은 아무리 밝더라도 너무 멀어서 맨눈으로 구분해 보기가 힘들어요. 그래서 외부 은하는 안드로메다은하처럼 커다란 덩어리로 뿌옇게 보이는 거예요.

온도에 따라 다른 별의 색깔

오리온자리는 밤하늘에서 가장 화려한 별자리예요. 이 별자리에는 밝은 1등성이 2개나 있으며, 2등성 3개로 이루어진 삼태성 그리고 오리온성운처럼 멋진 볼거리들이 많아요. 오리온자리의 1등성은 베텔게우스와 리겔이라는 이름으로 불려요. 그런데 이 두 1등성의 색깔이 다르답니다. 베텔게우스는 붉은색을 띠고 리겔은 푸른색을 띠지요.

별의 색이 왜 다른지 알려면 먼저 물체의 색에 대해 알아야 합니다. 물체의 색은 그 물체가 어떤 색의 빛을 내느냐에 따라 달라져요. 붉은색의 빛을 내는 물체는 붉은색을 띠고 푸른색의 빛을 내는 물체는 푸른색을 띠지요.

물체가 빛을 내는 방식에는 크게 두 가지가 있어요. 첫째는 다른 물체가 내는

오리온자리의 1등성 베텔게우스 (왼쪽 붉은색 별)와 리겔(오른쪽 푸른색 별).

빛을 반사하는 것이고, 둘째는 스스로 빛을 내는 것이에요. 우리 주변의 많은 물체들은 빛을 반사해서 색을 띱니다. 이런 물체들은 깜깜한 곳에서는 보이지 않아요. 그렇다면 스스로 빛을 내는 물체에는 어떤 것이 있을까요? 촛불, 폭죽, 무쇠 난로, 전등 등이 있어요. 이런 물체들은 깜깜한 곳에서도 스스로 빛을 내지요.

옛날에는 추운 겨울에 무쇠 난로에 나무나 연탄을 때서 방을 데웠어요. 그런데 무쇠 난로가 내는 빛의 색은 온도에 따라 달라져요. 불을 때지 않았을 때에는 시커멓던 무쇠 난로가 점점 뜨거워지면서 붉은색을 띠기 시작해요. 그리고 더 뜨거워지면 노르스름한 색을 띠지요.

이처럼 물체가 내는 빛의 색은 온도에 따라 달라져요. 낮은 온도에서는 붉은색을 띠지만, 온도가 높아질수록 노란색을 띠지요. 만일 무쇠 난로의 온도를 더 높일 수 있다면 푸른색을 띠게 될 거예요.

무쇠 난로처럼 뜨거운 물체는 스스로 빛을 내요. 그러니 별처럼 뜨거운

물체는 어떻겠어요? 별의 표면 온도는 보통 수천 도나 되는데 표면 온도가 수만 도가 되는 별도 있어요. 천문학자들은 별의 색이 표면 온도와 관계가 깊다는 사실을 발견했어요. 베텔게우스처럼 붉은색의 별은 표면 온도가 3,000도쯤 되고, 리겔처럼 푸른색의 별은 표면 온도가 10,000도를 넘어요. 우리 태양처럼 노란색의 별은 표면 온도가 5,000도쯤 된답니다.

별의 색과 표면 온도

별이 붉은색이나 푸른색을 띤다고 해서 오직 그 색의 빛만 내는 것은 아니에요. 사실 별은 모든 색의 빛을 낸답니다. 그런데 여러 가지 빛 중에서 어떤 색의 빛을 많이 내느냐에 따라 그 별의 색이 결정되는 거예요.

햇빛은 하얗습니다. 물감은 여러 가지를 섞을수록 까매지지만 빛은 여러 가지를 섞을수록 하얘져요. 다시 말해 햇빛에는 여러 가지 색의 빛이 섞여 있다는 거예요. 무지개는 바로 여러 가지 색의 햇빛이 대기 중의 물방울 때문에 나뉘어 보이는 현상이에요. 그런데 태양이 내는 여러 가지 색의 빛 중에서 노란색의 빛이 가장 많기 때문에 우리 눈에는 태양이 노란색 별로 보이는 거예요.

별도 일생이 있다

메시에는 성운이나 성단 또는 외부 은하처럼 뿌옇게 보이는 천체들을 관측하여 목록으로 만든 프랑스의 천문학자예요. 메시에가 만든 천체 목록은 지금도 메시에 목록이라는 이름으로 널리 쓰이고 있지요. 안드로메다은하는 흔히 M31이라고도 불리는데 이것은 메시에 목록의 31번째 천체라는 뜻이에요. M31의 M은 메시에(Messier)의 첫 글자랍니다.

M27, 즉 메시에 목록의 27번째 천체는 아령성운이라고 불려요. 그런데 메시에의 천체 망원경에는 아령성운이 마치 목성이나 토성처럼 커다란 행성처럼 보였어요. 그 후 이와 비슷한 천체들이 여럿 발견되었는데, 천문학자 허셜은 행성처럼 생긴 성운이라는 뜻에서 행성상 성운이라고 불렀지요.

요즘에는 천체 관측 기술이 발달해서 행성상 성운을 아주 뚜렷이 볼 수 있어요. 천문학자들은 행성상 성운이 여러 가지 모양이라는 사실을 알게 되었지요. 행성상 성운은 아주 아름다운 천체예요. 화려한 폭죽처럼 반짝이는 멋진 빛의 외투를 걸치고 있으니까요.

행성상 성운은 하나의 점으로 보이는 별도 아니고, 가스가 모인 성운도 아니며, 별이 모인 성단도 아니에요. 놀랍게도 수명이 다한 별이 마지막으로 내쉬는 숨결이에요.

영원히 안 변할 것처럼 보이는 별도 끊임없이 요동을 치며 살아갑니다.

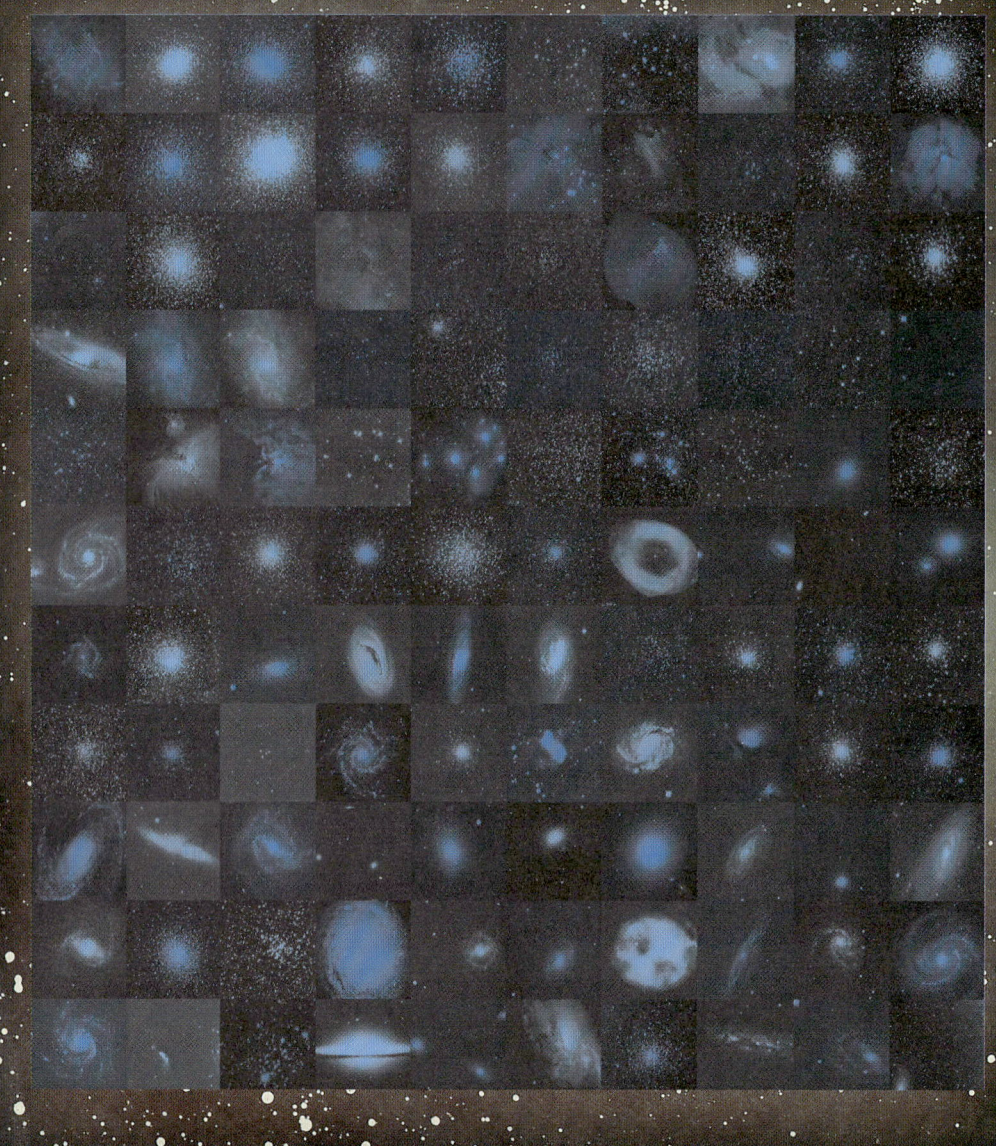

메시에 목록에 속한 천체들. 메시에 목록은 프랑스 천문학자 메시에가 발표한 성운과 성단의 목록이다.

그리고 마지막에는 무겁게 걸치고 있는 가스를 우주 공간에 훌훌 털어 버리고 숨을 거두지요. 별에게도 일생이 있는 거예요.

별의 일생은 별의 질량에 따라 조금씩 달라져요. 별은 커다란 수소 덩어리이며, 수소를 태워 빛과 열을 내며 반짝이지요. 신기하게도 별의 수명은 질량이 클수록 짧아요. 질량이 클수록 수소를 빨리 태우기 때문이에요.

태양은 별 중에서도 그렇게 크지 않은 편이에요. 천문학자들은 태양과 비슷한 질량을 가진 별의 수명은 100억 년쯤이라고 해요. 그동안 별은 커지기도 하고 작아지기도 하며 요동을 쳐요. 그러다가 수명이 다할 때쯤 바깥쪽을 덮고 있던 수소 가스를 우주 공간으로 내뿜지요. 이것이 바로 행성상 성운의 화려한 외투예요. 그리고 별의 중심부는 아주 작은 별로 찌부러지는데, 이 별을 백색 왜성이라고 불러요.

태양보다 질량이 큰 별들의 수명은 수천만 년도 안 되지만 마지막은 훨씬 격렬해요. 아주 커다란 폭발을 일으키며 별을 이루던 많은 물질을 우주 공간으로 흩뿌리지요. 이것이 바로 초신성이라고 불리는 현상이에요. 초신성이 폭발한 후에도 별의 중심부는 남아 있어요. 백색 왜성보다 훨씬 무거운 이 별의 중심부를 중성자별이라고 불러요.

태양의 질량보다 아주 큰 별들도 초신성 폭발을 일으키는데, 이때 남겨진 별의 중심부는 중성자별보다 더 무겁고 신비로운 천체가 되지요. 그 천체가 바로 블랙홀이에요.

아름다운 밤하늘 이야기

옛날 사람들은 별의 움직임을 보고 시간과 계절을
알았어요. 기록하기 쉽게 별에 이름을 붙이고 별자리를
만들었지요. 별자리는 밤하늘의 지도 역할을 해요.
사계절 별자리를 그에 얽힌 신화와 함께 살펴보아요.

태양과 달의 움직임

계절 변화의 비밀은 태양의 고도 변화

지구의 온도는 생물이 살기에 아주 적당합니다. 온도가 적당하다는 말을 우리는 따뜻하다고 표현하지요. 지구는 왜 따뜻할까요? 태양으로부터 햇볕을 받기 때문이에요. 그런데 기온은 장소와 시간과 계절에 따라 달라져요. 태양의 위치가 바뀌기 때문이에요.

지표에서 태양을 바라보는 각도를 태양의 고도라고 해요. 햇볕의 세기는 태양의 고도에 따라 달라져요. 햇볕은 태양이 수직으로 내리쬘 때 가장 세지요. 그리고 태양의 고도가 낮아질수록 점점 약해져요. 지구에서 태양의 고도가 가장 높은 곳이 어디일까요? 바로 적도예요. 그래서 적도 지방은

언제나 햇볕이 쨍쨍 내리쬐는 여름 날씨를 보이는 거예요.

 태양의 고도는 하루에도 계속 변해요. 아침에 동쪽 지평선에서 떠오른 태양은 점점 하늘 높이 솟아오르고, 정오가 지나면 다시 낮아지며, 저녁이면 서쪽 지평선으로 내려가지요. 아침과 저녁이 선선하고 한낮이 더운 이유는 바로 태양의 고도가 다르기 때문이에요.

 하루 중 기온이 가장 높은 시간은 태양의 고도가 가장 높은 정오가 아니라 오후 2시쯤이라고 해요. 그것은 햇볕이 가장 센 정오에서 두 시간쯤 지나 지구가 가장 따뜻하게 데워지기 때문이에요.

 1년을 날씨에 따라 나눈 기간을 계절이라고 해요. 계절에 따라 날씨가 달라지는 것도 태양의 고도가 변하기 때문이지요. 지구의 자전축은 공전 궤도면과 기울어져 있어요. 그렇기 때문에 태양의 고도가 계절에 따라 달라져요.

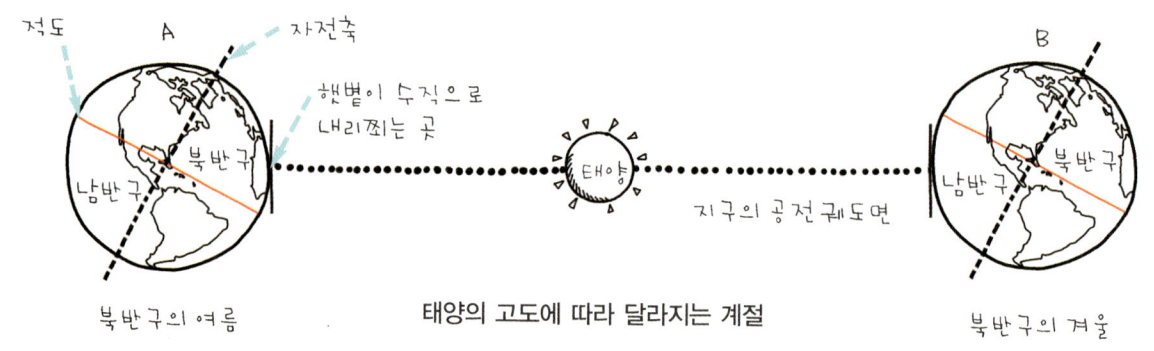

태양의 고도에 따라 달라지는 계절

위 그림은 태양과 지구를 옆에서 본 모습이에요. 지구가 A의 위치에 있을 때를 생각해 보세요. 햇볕은 적도에서 약간 위쪽으로 올라간 곳에 수직으로 내리쬐어요. 그러니까 이때에는 햇볕이 북반구에 세게 내리쬐지요. 태양의 고도가 높아 기온이 높아지므로 북반구는 여름이 됩니다.

지구가 B의 위치에 있을 때는 어떨까요? 북반구가 태양의 반대쪽을 향하고 있어요. 햇볕은 적도에서 약간 아래쪽으로 내려간 곳에 수직으로

아침 정오

그림자의 길이는 태양의 고도에 따라 달라진다. 하루 중 그림자의 길이는 아침에 길고, 정오에 가장 짧으며, 저녁에 길다. 또 같은 시간이라면 여름에 가장 짧고 겨울에 가장 길다.

내리쬐지요. 그러니까 이때에는 햇볕이 남반구에 세게 내리쬐는 거예요. 햇볕이 약하게 내리쬐어 기온이 낮아지므로 북반구는 겨울이 됩니다.

여름이나 겨울에도 태양 고도는 하루의 시간에 따라 변해요. 하지만 같은 시간에 태양의 고도를 잰다면 여름에 가장 높고 겨울에 가장 낮을 거예요.

태양이 사라지는 일식의 비밀

세상에는 참 우연이라고 할 만한 일들이 많아요. 태양과 달의 겉보기 크기가 거의 같다는 것도 그중 하나예요. 태양의 지름은 지구의 100배나 되고 지구의 지름은 달의 4배가 넘어요. 그러니 태양의 지름은 달의 400배가 넘는다는 거예요. 그런데 어떻게 우리가 보는 태양과 달의 크기가 같을까요? 그것은 태양이 달보다 400배쯤 멀기 때문이에요. 먼 물체는 그만큼 작아 보이잖아요.

달은 지구 둘레를 공전해요. 그래서 달이 태양의 반대쪽에 보일 때도 있고 태양과 같은 쪽에 보일 때도 있지요. 달의 모양이 변하는 것도 달의 위치가 바뀌기 때문이에요. 달이 태양과 반대쪽에 있을 때에는 보름달이 보이고, 태양과 같은 쪽에 있을 때에는 거의 보이지 않아요. 우리가 달의 표면에서

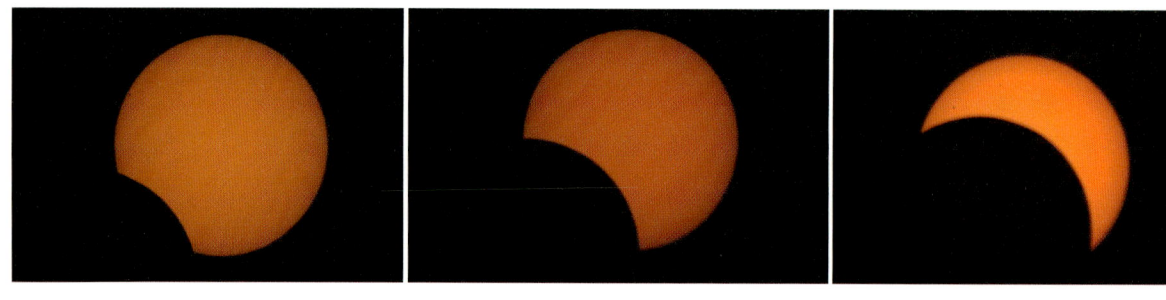

햇빛을 반사하는 부분을 볼 수 없기 때문이에요.

태양과 달의 겉보기 크기가 거의 비슷하기 때문에 일어나는 신기한 현상이 있어요. 바로 일식이에요. 일식은 달이 태양을 가리는 현상을 말하는데, 보통 1년에 한두 번 일어나요. 그런데 잠시 생각해 볼 문제가 하나 있어요. 달은 한 달에 한 번 지구와 태양 사이에 놓이잖아요. 그렇다면 일식이 한 달에 한 번씩은 일어나야 하지 않을까요?

일식이 매달 일어나지 않는 이유는 달의 공전 궤도면이 지구의 공전 궤도면과 약간 기울어져 있기 때문이에요.

다음 그림은 태양과 달과 지구를 옆에서 본 모습이에요. 이 그림에서 보듯이 달은 A에서 C의 사이의 공전 궤도면을 오가며 지구 둘레를 공전해요.

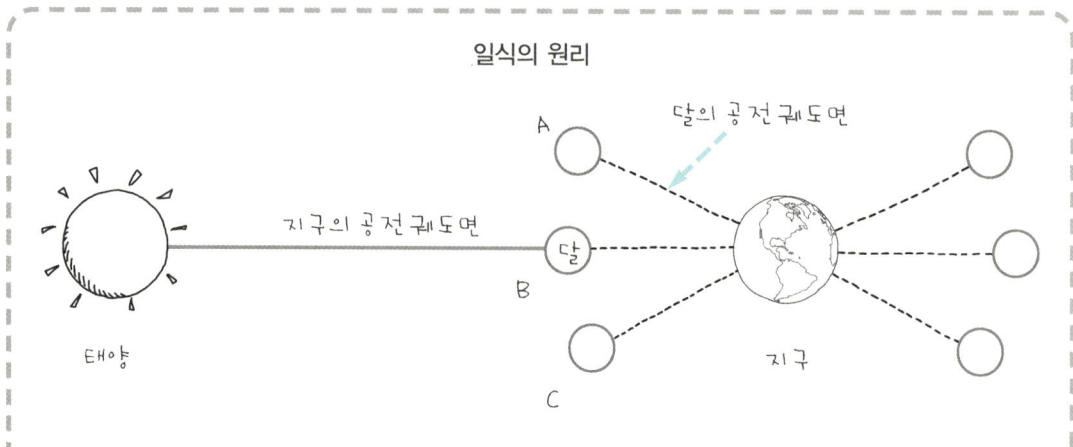

태양이 달에 가려지는 일식 현상. 태양 전체를 가리는 개기 일식이 진행되는 모습이다.

달이 태양과 지구 사이에 있더라도 A나 C에 있을 때에는 달의 그림자가 지구를 벗어나요. 그런데 달이 B에 있을 때에는 달의 그림자가 지구에 드리워지지요. 이 그림자 안에서는 태양이 달에 가려져 보이겠지요.

일식이라고 해서 지구의 모든 사람이 볼 수 있는 것은 아니에요. 지구에서도 달의 그림자 안에 있는 사람들만 일식을 볼 수 있는 것이지요. 그래서 일식이 일어나더라도 지역에 따라 볼 수도 있고 볼 수 없기도 해요.

일식에도 몇 가지 종류가 있어요. 달이 태양 전체를 가리는 현상을 개기 일식이라고 해요. 또 달이 태양의 일부분만 가리는 현상을 부분 일식이라고 하지요. 일식에는 금환 일식도 있어요. 금환이란 금가락지를 말하는데 금환 일식은 태양의 가장자리만 살짝 보이는 일식이에요.

달은 지구 둘레를 돌면서 약간 멀어지기도 하고 가까워지기도 해요. 달이 멀어지면 달의 겉보기 크기가 작아져요. 이때 일식이 일어나면 달이 태양 전체를 가리지 못하기 때문에 가장자리가 삐져나와 금환 일식이 되는 거예요.

시간과 계절을 알려 주는 별의 움직임

별의 위치나 시각, 경위도 등을
관측하는 천문 기계인 아스트롤라베

자연의 시계, 해시계와 별시계

시간은 우리 생활에 아주 중요한 단위예요. 그런데 시간을 측정하려면 무언가 일정한 간격으로 되풀이되는 것이 필요하지요. 옛날 사람들이 가장 쉽게 이용할 수 있는 그 무엇은 바로 태양이었어요. 태양은 매일 동쪽 지평선에서 떠올라 남쪽 하늘을 지나고 서쪽 지평선으로 지지요.

우리에게는 태양이 하루에 한 번 지구 둘레를 도는 것처럼 보이지만, 사실 지구의 자전 때문에 그렇게 보일 뿐이에요. 어쨌든 옛날 사람들은 태양이 떠서 다시 뜰 때까지의 간격을 하루로 정하고, 하루를 24등분한 간격을 1시간으로 정했어요. 요즘 우리가 말하는 하루나 1시간도 이렇게 정해진 거예요.

혹시 정오가 무엇인지 아세요? 시계 바늘이 낮 12시를 가리킬 때라고요? 어느 정도는 맞는 말이에요. 사람들이 그렇게 정했으니까요. 하지만 시간에서 우선하는 것은 시계가 아니라 태양의 움직임이에요. 시계는 생활에 편리하도록 만든 장치일 뿐이고 시간을 정하는 것은 태양의 움직임이거든요.

천문학자들은 태양이 정남쪽에 올 때를 정오라고 해요. 정오를 낮 12시로 정하고 이때 모든 시계가 12시를 가리키도록 만든 거지요. 평소에는 정남쪽이 어딘지 모르잖아요. 그러니까 시계라는 장치를 만들어 쉽게 정오를 알 수 있도록 한 것이지요.

옛날 사람들은 그림자가 태양의 반대쪽에 생긴다는 사실을 알고 있었어요. 그래서 땅에 꽂은 막대 그림자의 움직임을 보고 시계를 만들었지요. 이 장치가 바로 해시계예요. 해시계는 세상에서 가장 정확하다는 원자시계보다 정확해요. 왜냐하면 태양의 움직임은 모든 시간을 정하는 기준이거든요. 그래서 해시계와 원자시계가 조금 어긋나게 되면 원자시계를 해시계에 맞추어야 해요.

별도 태양처럼 하루에 한 번 지구 둘레를 돌아요. 그렇기 때문에 별의 움직임으로 시간을 잴 수도 있지요. 별의 움직임을 기준으로 만든 시계를 별시계라고 해요. 별은 그림자를 만들지 못하기 때문에 사람이 별의 위치를 직접 관측해야 하지요.

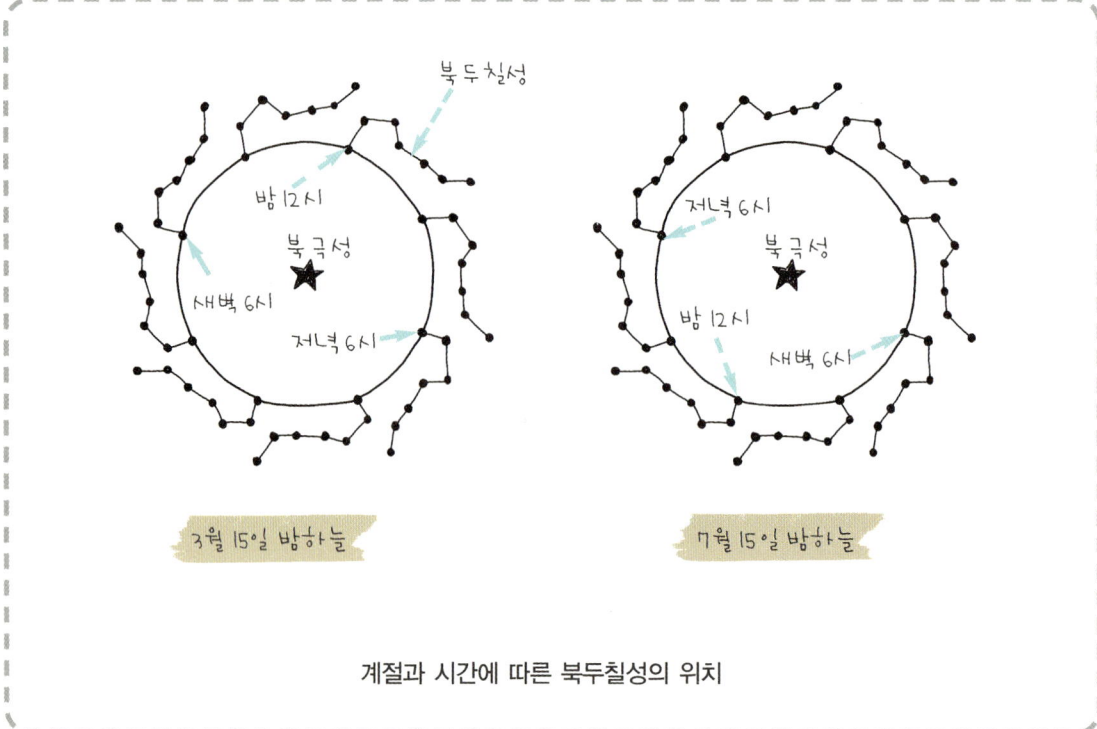

계절과 시간에 따른 북두칠성의 위치

    우리가 쉽게 이용할 수 있는 별시계는 북두칠성이에요. 북두칠성은 위 그림처럼 북극성을 중심으로 크게 원을 그려요. 북두칠성이 북극성을 중심으로 어느 위치에 있는지를 보고 그때의 시간을 알 수 있는 거예요. 물론 별자리는 계절에 따라 달라지기 때문에 같은 시간이라도 북두칠성의 위치는 계절에 따라 달라지지요. 그래서 북두칠성 시계를 이용하려면 계절에 따라 북두칠성이 어느 위치에 있는지도 잘 알아야 해요.

밤하늘의 지도, 별자리

옛날 사람들은 밤하늘의 별들을 이어서 위대한 신이나 영웅 또는 동물의 그림을 그렸어요. 그 그림을 별자리라고 하지요. 별자리에는 재미있는 이야기들이 많아요. 옛날 사람들은 어째서 별자리를 만들고 이야기들을 꾸며 냈을까요?

세상에는 궁금한 것들이 참 많아요. 이 세상과 모든 동식물을 누가 만들었을까? 사람은 어떻게 태어났으며, 왜 늙고 병드는 것일까? 또 사람이 죽은 후에는 어떻게 되는 것일까? 과학이란 바로 이런 궁금증을 풀어 가는 학문이에요. 옛날 사람들에게는 요즘 같은 과학이 없었어요. 그래서 신화와 전설을 통해 그런 궁금증을 풀려고 했던 것이지요.

옛날 사람들이 별자리를 만든 이유는 또 있어요. 별의 움직임은 아주 정확해요. 그래서 옛날 사람들은 별의 움직임을 보고 시간과 계절을 알았어요. 별을 관측하려면 별의 이름을 붙여야 해요. 또 별 하나하나를 기억하는 것보다는 몇 개를 이어서 그림을 그리는 것이 좋아요. 그림을 기억하는 것이 훨씬 편하거든요.

별자리는 하늘에서 일어나는 현상을 기록할 때에도 편리하게 이용되지요. 옛날 사람들은 태양의 위치를 보고 계절을 알았다고 했잖아요. 태양의 위치를 관찰하고 기록하려면 어떤 기준이 있어야 해요. 그래야 태양이 언제

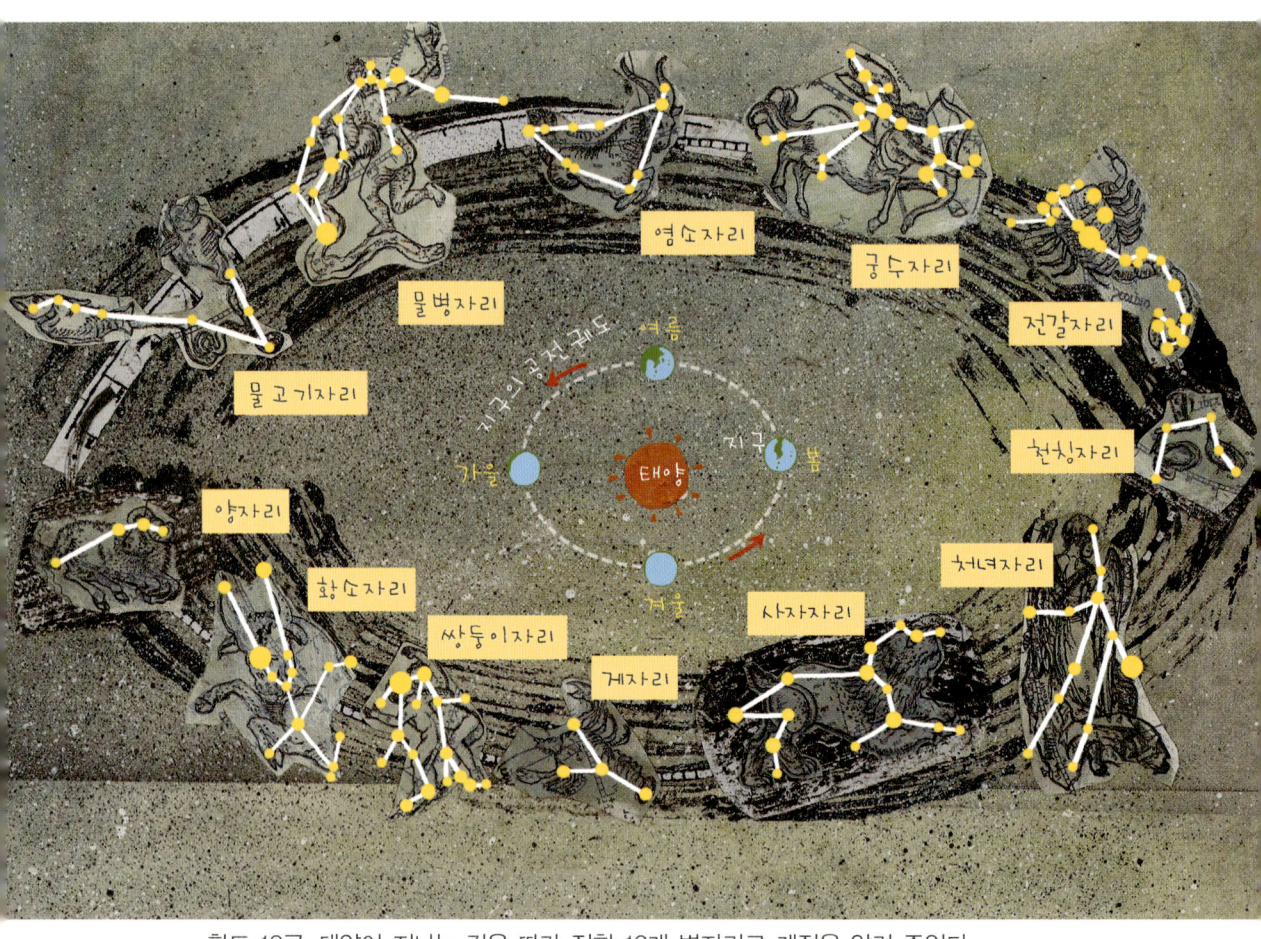

황도 12궁. 태양이 지나는 길을 따라 정한 12개 별자리로 계절을 알려 주었다.

어느 위치에 있다고 기록할 것 아니에요. 별자리는 바로 그런 기준 역할을 해요. 예를 들어 태양이 지나는 길을 황도라고 하는데 옛날 사람들은 그 길을 따라 12개의 별자리를 정했어요. 황도 12궁이라고 불리는 이 별자리들은 계절을 알려 주는 달력이에요. 태양이 어느 별자리에 위치하는지 관측하면 계절을 알 수 있기 때문이지요. 황도 12궁은 아마 가장 먼저 만들어진 별자리에 속할 거예요.

또 혜성이나 유성, 신성 같은 새로운 천체가 나타났을 때를 생각해 보세요. 이런 천체들이 언제 어느 별자리에 나타났다고 기록하면 모든 사람이 쉽게 알 수 있잖아요. 별자리는 밤하늘의 지도인 셈이에요.

별자리는 지역에 따라 조금씩 달라요. 또 세월이 흐르면서 새로운 별자리가 만들어지기도 했지요. 사람마다 서로 다른 별자리를 쓰면 아주 불편할 거예요. 그래서 1930년에 세계 여러 나라의 천문학자들이 모여 기준 별자리를 정했어요. 이것이 바로 지금 우리가 알고 있는 88개의 별자리예요.

신화와 함께 보는 사계절의 별자리

봄의 별자리

깜깜한 밤하늘에서 빛나는 별자리를 찾아가며 신화와 전설을 이야기해 봐요. 비록 천문학자가 아니더라도 우주의 신비로움에 흥분을 감추지 못할 거예요. 맨 처음 밤하늘을 보면 마치 낯선 곳에 혼자 남겨진 것처럼 아주 혼란스러워요. 어떻게 해야 능숙하게 별을 하나하나 짚어 가며 이름을 댈 수 있을까요?

지도에서 어떤 건물을 찾을 때에는 근처의

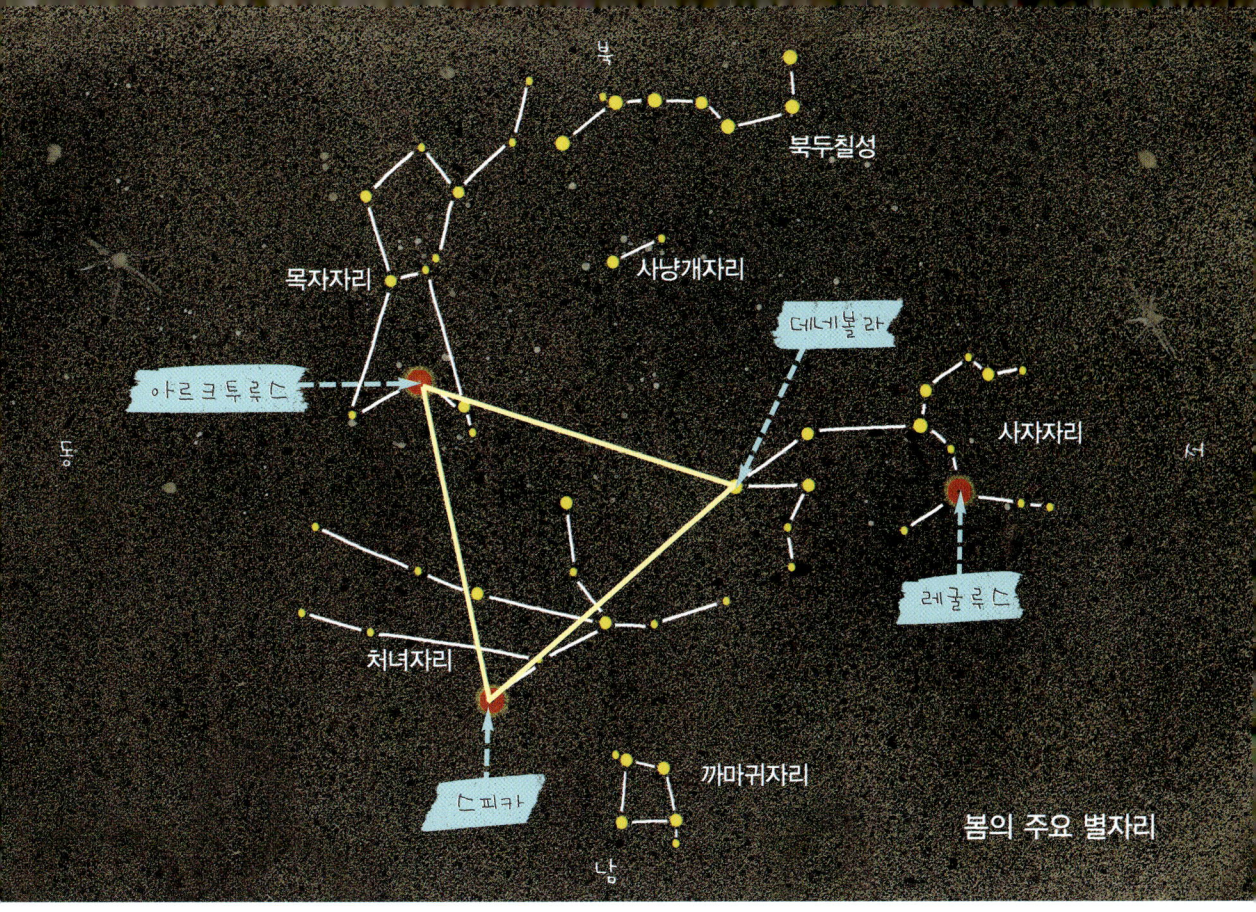

봄의 주요 별자리

유명한 건물을 이용하면 쉬워요. 별자리 찾기도 이와 비슷해요. 먼저 밝은 1등성을 찾아보세요. 그런 후에 그 1등성을 중심으로 더듬어 가며 다른 별과 별자리를 찾는 거예요.

봄의 초저녁, 동남쪽 하늘 나지막한 곳에서 밝은 별 하나를 볼 수 있어요. 이 별은 처녀자리의 1등성 스피카예요. 스피카에서 오른쪽 위로 대각선을 그리며 따라가 봐요. 스피카보다 약간 어두운 별 하나를 볼 수 있을 거예요. 이 별이 사자자리의 2등성 데네볼라지요. 스피카와 데네볼라를 이은 직선을 한 변으로 하고, 그 왼쪽 위로 정삼각형의 꼭짓점을 찾아봐요. 그 꼭짓점에는 목자자리의 1등성인 아르크투루스가 밝게 빛나고 있어요.

사람들은 스피카와 데네볼라와 아르크투루스가 이루는 커다란 삼각형을 봄의 대삼각형이라고 불러요. 밝은 별 세 개로 이루어진 봄의 대삼각형은 아주 찾기 쉬워요. 그래서 봄의 별자리를 찾을 때 길잡이별 역할을 하지요. 마치 길을 찾을 때 기준이 되는 유명한 건물처럼 말이에요.

봄의 별자리 찾기를 북두칠성에서 시작할 수도 있어요. 북두칠성은 북쪽 하늘만 바라보면 쉽게 찾을 수 있을 거예요. 별자리를 아무리 모르는 사람이라도 국자 모양으로 생긴 북두칠성은 알아 두어야 해요. 북두칠성의 손잡이는 약간 구부러져 있어요. 이 구부러진 손잡이를 연장하여 북두칠성의 크기만큼 동쪽으로 옮겨 가면 밝은 1등성 아르크투루스를 볼 수 있지요. 아르크투루스를 찾으면 봄의 대삼각형은 다 찾은 것이나 다름없어요.

봄의 대삼각형을 이루는 데네볼라는 사자자리에서 가장 밝은 별은 아니에요. 사자자리에는 1등성 레굴루스가 있거든요. 하지만 스피카와 아르크투루스와 함께 정삼각형을 이루는 별은 데네볼라예요. 그래서 가장 밝은 레굴루스 대신 그 다음으로 밝은 데네볼라를 봄의 대삼각형에 집어넣은 거예요.

자, 이제 봄의 주요 별자리에 전해오는 신화를 살펴볼까요?

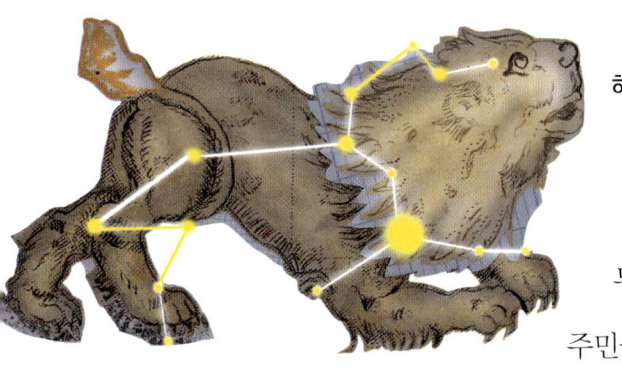

헤라클레스가 물리친 괴물 사자, 사자자리

고대 그리스의 네메아라는 곳에 무서운 괴물 사자가 살고 있었어요. 주민들을 괴롭히던 이 괴물 사자를 죽인 사람은 그리스 신화 최고의 영웅 헤라클레스예요. 이 괴물 사자의 가죽은 아주 질겨서 화살이나 칼도 뚫을 수가 없었지요. 결국 헤라클레스는 이 괴물 사자의 목을 졸라 죽이고 가죽을 벗겨 냈대요. 그 후 괴물 사자는 밤하늘에 올라가 사자자리가 되었지요.

봄을 가져오는 여인, 처녀자리

처녀자리는 페르세포네라는 여자의 별자리예요. 페르세포네는 땅의 여신인 데메테르의 딸이었는데 지하 세계의 신인 하데스에게 납치되었지요. 데메테르는 딸을 되찾게 해 달라고 제우스에게 간청했어요. 제우스는 페르세포네가 1년의 반은 지상에서 어머니와 함께 살고, 나머지 반은 지하에서 하데스와 함께 살도록 했어요. 페르세포네가 지상에 사는 1년의 반이 바로 봄과 여름이에요. 봄에 떠오르는 처녀자리는 바로 지상으로

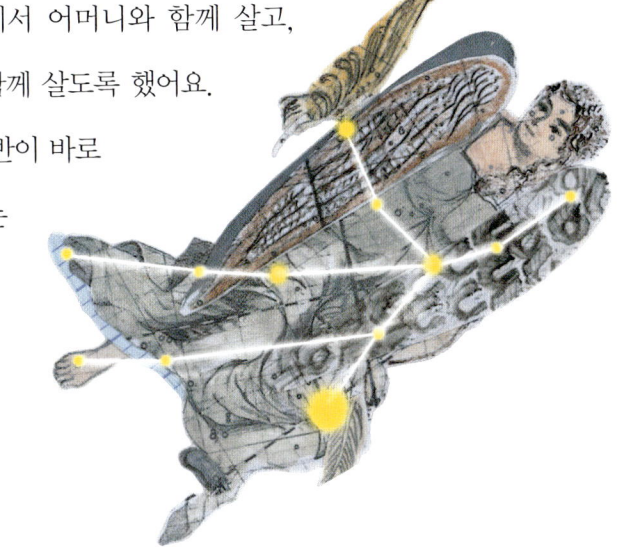

올라오는 페르세포네라고 해요.

쟁기를 발명한 농부, 목자자리

목자는 보통 양을 치는 사람을 말하지만 여기에서는 농사짓는 사람을 말해요. 오랜 옛날, 한 농부가 쟁기를 발명했어요. 쟁기는 땅을 갈아엎는 도구인데 농사에 꼭 필요하지요. 이 사실을 알게 된 땅의 여신이자 농업의 신 데메테르는 기뻐했어요. 그래서 데메테르는 제우스에게 부탁하여 이 농부를 밤하늘의 별자리로 만들었다고 해요.

여름의 별자리

여름의 밤하늘에도 길잡이별 역할을 하는 커다란 삼각형이 있어요. 독수리자리의 알타이르와 거문고자리의 베가 그리고 백조자리의 데네브가 만드는 여름의 대삼각형이에요. 먼저 베가를 찾아볼까요?

8월 중순의 초저녁에 머리 꼭대기를 보세요. 머리를 뒤로 젖혀야 하기

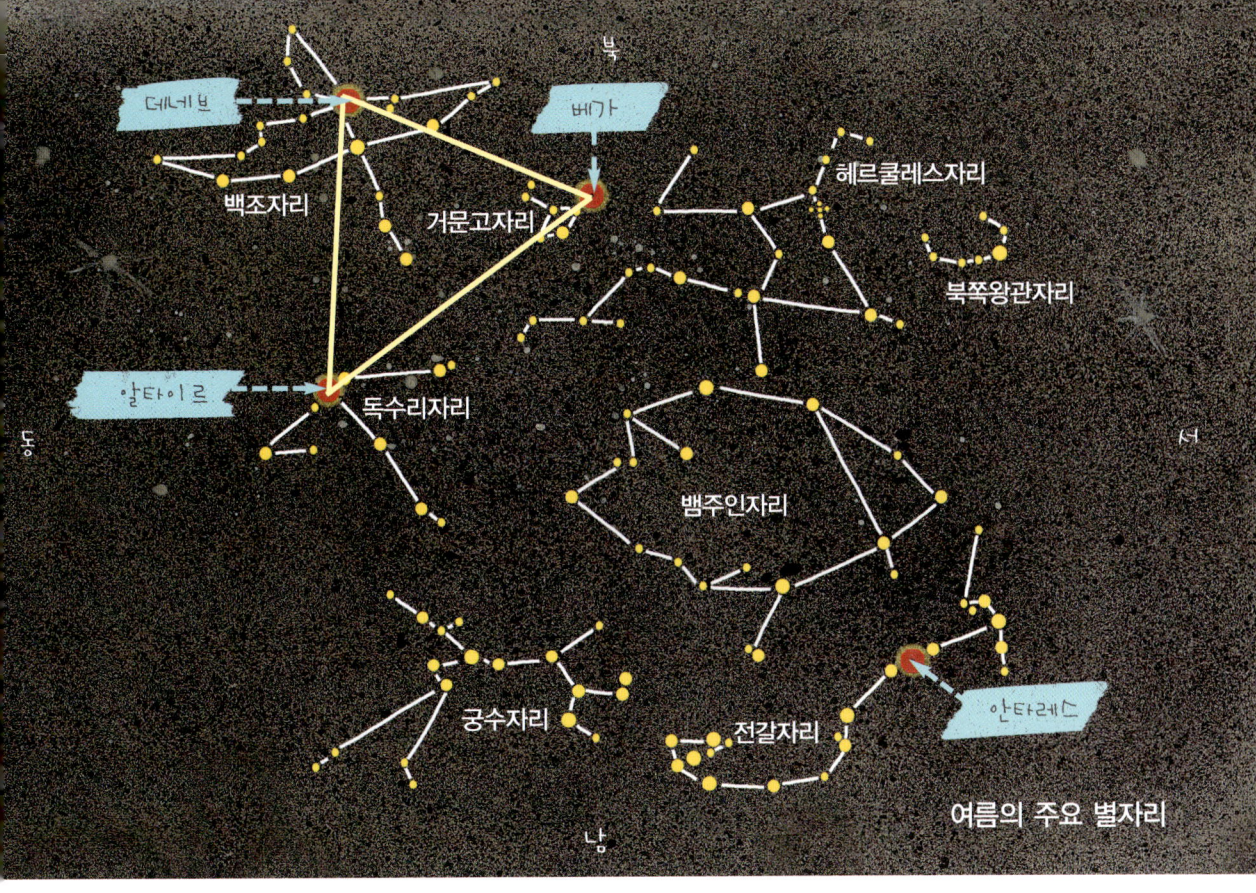

때문에 목이 좀 아플 거예요. 밤하늘 꼭대기에 밝게 보이는 별이 베가예요. 베가에서 동남쪽 하늘로 약간 내려오면 알타이르를 볼 수 있어요. 베가와 알타이르를 한 변으로 해서 북쪽으로 삼각형의 꼭짓점을 찾아보세요. 백조자리의 데네브를 볼 수 있을 거예요.

　여름의 대삼각형은 봄의 대삼각형보다 약간 길쭉한데, 모두 하늘 높이 떠 있기 때문에 누워서 보는 것이 편할 정도예요. 물론 밤이 깊어 갈수록 모두 서쪽 지평선으로 낮아지기는 하지만 말이에요.

　백조자리는 커다란 십자가 모양을 하고 있어요. 이 십자가를 날개를 활짝

111

펼친 백조로 생각하면 데네브는 꼬리에 해당하지요. 밤하늘이 아주 깜깜한 곳에서는 남쪽 지평선에서 솟아올라 북쪽 지평선까지 이어지는 은하수를 볼 수 있어요.

백조자리는 이 은하수에 푹 잠겨 있지요. 이 은하수를 중심으로 알타이르는 동쪽, 베가는 서쪽에 놓여 있어요. 동양에서는 알타이르를 견우의 별, 베가를 직녀의 별로 불러요. 견우와 직녀의 전설에서 견우는 은하수의 동쪽, 직녀는 은하수의 서쪽으로 쫓겨나잖아요.

여름에 눈여겨볼 만한 별로 안타레스가 있어요. 안타레스는 전갈자리의 1등성인데 남쪽 지평선 바로 위에서 볼 수 있지요. 안타레스는 표면 온도가 낮기 때문에 불그스름하게 보여요. 그래서 옛날부터 화성과 함께 불길한 별로 알려져 왔지요.

전갈자리는 그리스 신화에서 오리온을 물어 죽인 전갈을 기념하는 별자리예요. 안타레스는 이 전갈의 심장에 해당하지요. 안타레스의 오른쪽에 보이는 2등성이 전갈의 머리에 해당하고, 안타레스에서 남쪽 지평선으로 이어지는 부분이 몸통과 꼬리에 해당해요. 전갈은 전체적으로 커다란 S자 모양을 하고 있어요.

슬픈 사랑을 연주하는 하프, 거문고자리

오르페우스는 그리스 신화에 등장하는 시인이자 음악가예요.

오르페우스는 특히 하프를 잘 연주했는데 지하 세계의 신인 하데스도 그의 연주에 감동할 정도였지요. 오르페우스는 아내를 끔찍이 사랑했는데 아내가 죽자 그 슬픔을 못 이겨 하프를 연주하며 방황하다가 숨졌대요. 제우스는 그의 연주에 감동하여 하프를 밤하늘의 별자리로 만들었는데, 그 별자리가 바로 거문고자리예요.

가니메데를 데려온 독수리, 독수리자리

가니메데는 그리스 신화에 등장하는 아름다운 소년이에요. 제우스는 가니메데를 납치하여 곁에 두고 싶어 했어요. 그래서 자신의 심부름꾼인 독수리를 보내 가니메데를 데려오도록 했지요. 독수리자리는 바로 이 독수리를 뜻하는 별자리예요. 가니메데는 제우스 곁에서 신들에게 포도주를 따르며 지내게 되었지요.

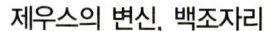

제우스의 변신, 백조자리

그리스 신화 최고의 신인 제우스는 유명한 바람둥이였어요. 제우스는 부인이자 최고의 여신인 헤라의 눈을 피해 많은 여자들을 만났지요. 어느 날 제우스는 스파르타의 왕비인 레다를 만나고 싶어 했어요. 그래서 헤라에게 들키지 않도록 백조로 변신하여 레다를 만나러 갔지요. 백조자리는 바로 제우스가 변신한 백조예요.

가을의 별자리

계절의 별자리는 보통 저녁 8시쯤의 남쪽 밤하늘에 보이는 별자리들을 말해요. 북쪽 밤하늘에 보이는 북극성 주변의 별자리들은 대부분 계절에 관계없이 보이거든요. 그래서 가을의 별자리라고 하면 가을의 초저녁, 남쪽 밤하늘에 보이는 별자리들을 말하지요.

가을은 흔히 쓸쓸한 계절이라고 해요. 그래서인지 밤하늘에도 밝은 별이

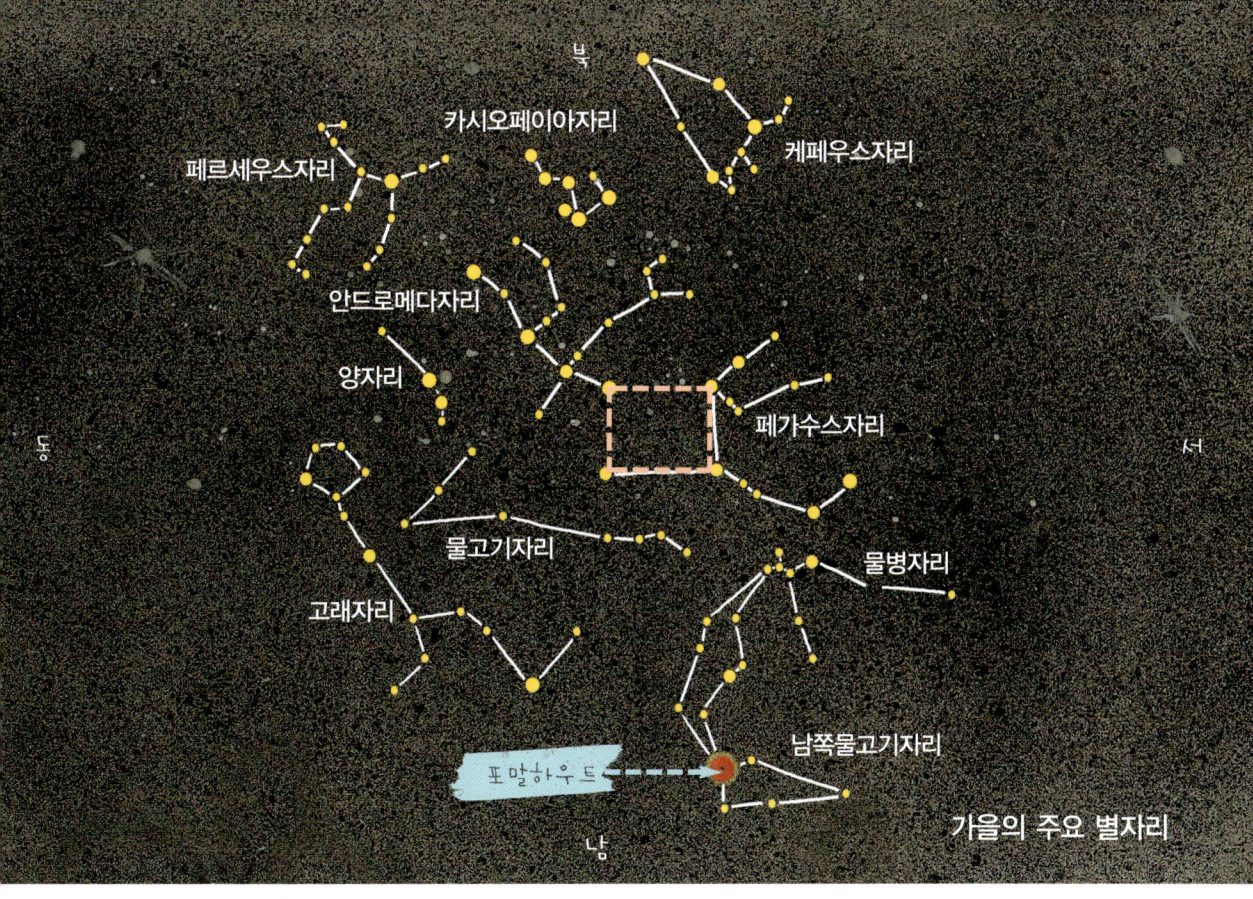

가을의 주요 별자리

별로 없어요. 물론 북쪽이나 서쪽 하늘 높은 곳에서는 아직 데네브와 베가와 알타이르 같은 여름의 밝은 1등성들이 빛나고 있어요.

가을의 대표적인 별자리는 페가수스자리예요. 페가수스는 날개 달린 말을 뜻하는데 데네브에서 약간 동쪽으로 밤하늘 거의 꼭대기에서 볼 수 있지요. 페가수스자리를 찾으려면 먼저 페가수스의 몸통을 이루는 커다란 사각형을 찾아야 해요. 가을 별자리 찾기의 길잡이별이라고 할 수 있는 이 사각형을 흔히 페가수스의 사각형이라고 불러요.

페가수스의 사각형은 2등성으로 이루어져 있지만 주변에 밝은 별이 없기 때문에 쉽게 눈에 띄어요. 페가수스의 몸통에 이어져 있는 안드로메다자리도 유명한 별자리예요. 페가수스의 사각형에서 북동쪽 모서리에 위치한 2등성은 페가수스자리의 별인 동시에 안드로메다자리의 별이기도 해요.

안드로메다자리에는 안드로메다은하라고 불리는 아주 유명한 외부 은하가 있어요. 미국의 유명한 천문학자 허블이 거리를 측정했다는 바로 그 안드로메다은하예요. 안드로메다은하는 우리은하보다 크고 우리은하에 가장 가까운 외부 은하지요. 그래서 깜깜한 밤하늘에서는 맨눈으로도 볼 수 있대요. 웬만한 곳에서는 작은 천체 망원경만 있으면 흐릿하게나마 볼 수 있어요.

여름의 밤하늘의 남쪽 지평선 근처에서는 붉은 1등성 안타레스를 볼 수 있었지요? 가을의 밤하늘의 남쪽 지평선 근처에서도 1등성을 볼 수 있어요. 포말하우트라고 불리는 이 별은 남쪽물고기자리에서 가장 밝은 별이에요.

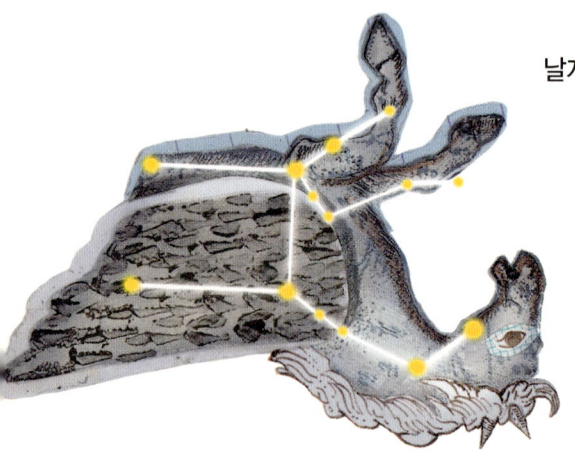

날개 달린 말, 페가수스자리

페가수스는 날개 달린 말을 뜻해요. 밤하늘에는 날개를 펼친 페가수스가 거꾸로 매달린 모습으로 그려져 있지요. 메두사는 그리스 신화에 나오는 괴물이에요. 메두사를 본 사람은 누구든

돌이 되어 버린다고 하지요. 그리스 신화의 영웅 페르세우스는 방패에 비친 메두사의 모습을 보고 머리를 잘랐다고 해요. 그때 메두사의 목에서 흘러나온 피에서 날개 달린 말 페가수스가 태어났대요.

**페르세우스가 구한 공주,
안드로메다자리**

안드로메다는 에티오피아의 공주였어요. 안드로메다의 어머니는 북쪽 밤하늘의 별자리로 잘 알려진 카시오페이아랍니다.

안드로메다는 카시오페이아의 실수로 바다 괴물의 제물로 바쳐졌어요. 이때 메두사의 목을 베었던 그리스 신화의 영웅 페르세우스가 이 바다 괴물을 죽이고 안드로메다를 살렸어요. 안드로메다는 페르세우스의 아내가 되었으며, 후에 그 둘은 함께 별자리가 되었대요. 페르세우스자리는 안드로메다자리 바로 근처에서 볼 수 있답니다.

카시오페이아자리와 케페우스자리

케페우스와 카시오페이아는 안드로메다의 아버지와 어머니예요. 이 두

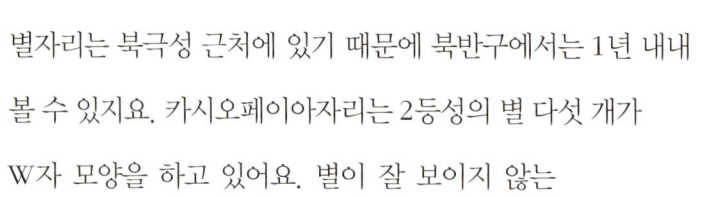

별자리는 북극성 근처에 있기 때문에 북반구에서는 1년 내내 볼 수 있지요. 카시오페이아자리는 2등성의 별 다섯 개가 W자 모양을 하고 있어요. 별이 잘 보이지 않는 곳에서도 카시오페이아자리를 쉽게 찾을 수 있을 거예요. 그래서 카시오페이아자리는 옛날부터 북두칠성과 함께 북극성을 찾을 때 이용하는 길잡이별로 잘 알려져 왔어요.

북두칠성과 카시오페이아자리로 북극성 찾는 법

북두칠성의 그릇을 이루는 네 개의 별 중에서 끝의 두 별을 5배 연장하면 북극성을 찾을 수 있다. 카시오페이아자리 두 별의 연장선이 만나는 점과 가운데 별을 이은 선을 연장하면 북극성을 찾을 수 있다.

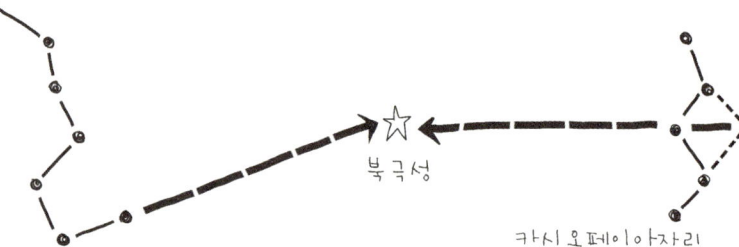

겨울의 별자리

 겨울은 화려한 별자리가 가장 많은 계절이에요. 밝은 1등성이 아주 많아 밤하늘이 눈부실 정도지요. 겨울 밤하늘의 길잡이별은 베텔게우스와 시리우스와 프로키온이 이루는 겨울의 대삼각형이에요.

 시리우스는 큰개자리의 1등성인데 겨울의 남쪽 밤하늘 낮은 곳에서 볼 수 있어요. 시리우스는 행성을 제외하고는 가장 밝기 때문에 금세 찾을 수 있을 거예요. 시리우스에서 왼쪽 위로 올라가면 작은개자리의 1등성 프로키온을 볼 수 있어요. 시리우스와 프로키온을 이은 선을 한 변으로 하고, 오른쪽 위에서 삼각형을 이루는 꼭짓점을 찾아보세요. 그 꼭짓점에서 불그스름하게 빛나는 1등성이 바로 오리온자리의 베텔게우스예요.

 오리온자리에는 베텔게우스 외에도 또 하나의 1등성이 있어요. 베텔게우스의 오른쪽 아래에서 푸르스름하게 빛나는 리겔이에요. 베텔게우스와 리겔의 중간쯤에서 빛나는 세 개의 2등성을 삼태성이라고 부르지요. 삼태성의 아래쪽으로 뿌연 빛의 줄기가 보이는데 이것이 그 유명한 오리온성운이에요. 작은 천체 망원경만 있으면 이 오리온성운을 볼 수 있지요.

 오리온자리에서 오른쪽 위, 그러니까 남쪽 하늘 높은 곳에서는 황소자리의 1등성인 알데바란을 볼 수 있어요. 시선을 알데바란에서 좀 더 오른쪽 위로

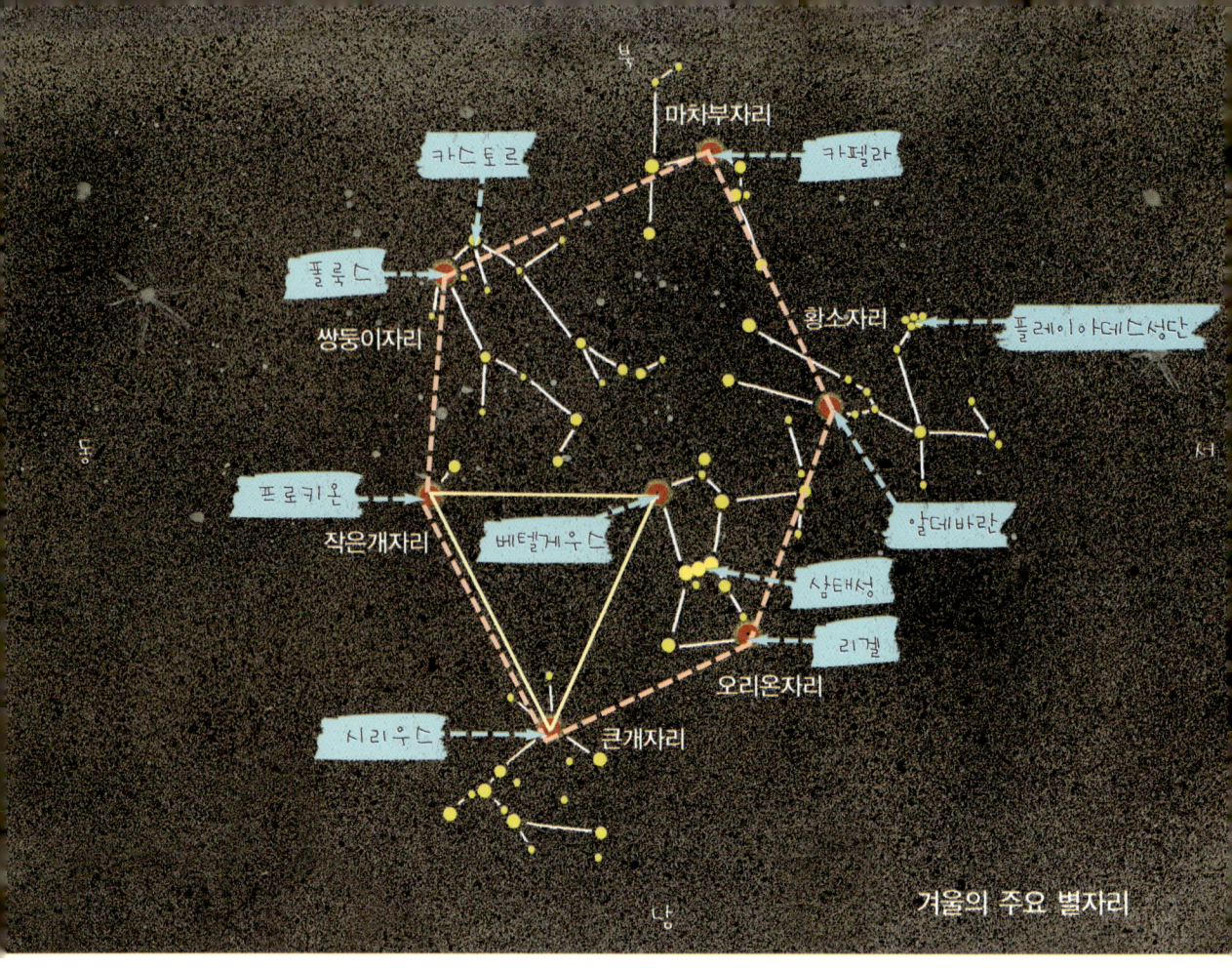

겨울의 주요 별자리

옮겨 보세요. 남쪽 하늘 거의 꼭대기에서 오밀조밀하게 모여 있는 예닐곱 개의 별들을 볼 수 있을 거예요. 이 별들은 플레이아데스라고 불리는 성단이에요. 쌍안경이나 작은 천체 망원경이 있으면 더 많은 별들을 볼 수 있을 거예요.

겨울의 밤하늘에서 볼 수 있는 1등성은 아직도 두 개나 남아 있어요. 쌍둥이자리의 폴룩스와 마차부자리의 카펠라예요.

폴룩스는 동남쪽 하늘 높은 곳에서 볼 수 있는데 바로 옆에서 빛나는 2등성 카스토르와 함께 쌍둥이자리를 이루지요. 카스토르와 폴룩스는 그리스 신화에 나오는 쌍둥이 형제예요. 카펠라는 북쪽 하늘 거의 꼭대기에서 볼 수 있지요. 카펠라, 폴룩스, 프로키온, 시리우스, 리겔, 알데바란이 이루는 육각형을 겨울의 육각형이라고도 해요.

여신을 사랑한 사냥꾼, 오리온자리

오리온은 그리스 신화에 나오는 사냥꾼이에요. 인간인 오리온은 달의 여신인 아르테미스와 서로 사랑하는 사이가 되었어요. 그런데 아르테미스의 오빠이자 태양의 신인 아폴론은 그 사실을 못마땅하게 생각했지요. 어느 날 아르테미스는 아폴론의 계략에 빠져 오리온을 활로 쏘아 죽이게 되었어요. 물론 아르테미스는 자신이 쏜 것이 오리온인 줄은 몰랐지요. 그 사실을 알게 된 제우스는 오리온을 별자리로 만들어 아르테미스를 위로했대요.

아름다운 우애를 나눈 형제, 쌍둥이자리

카스토르와 폴룩스는 스파르타의 왕비 레다가 낳은 쌍둥이 형제예요. 아버지는 그리스 신화 최고의 신인 제우스였지요. 형인 카스토르는 사람의 몸을 가졌지만 동생인 폴룩스는 신의 몸을 가졌어요. 그래서 폴룩스는 아무리 나이가 들어도 죽지 않았지요. 하지만 카스토르가 죽자 폴룩스는 슬픔에 잠겨 아버지인 제우스에게 자신도 죽게 해 달라고 빌었어요. 제우스는 카스토르와 폴룩스의 우애에 감동하여 그 둘을 별자리로 만들어 주었대요.

소로 변한 제우스, 황소자리

페니키아라는 나라에는 에우로페라는 어여쁜 공주가 살았어요. 에우로페에게 한눈에 반해 버린 제우스는 눈부시게 하얀 소로 변신하여 에우로페 곁으로 다가갔지요. 그리고 에우로페를 등에 태우고 크레타 섬으로 달아났어요. 영국, 프랑스, 독일 같은 나라가 있는 지역을 유럽이라고 불러요. 이 유럽이라는 명칭은 바로 에우로페에서 유래한 거예요.

우주의 비밀을 밝혀 나가다

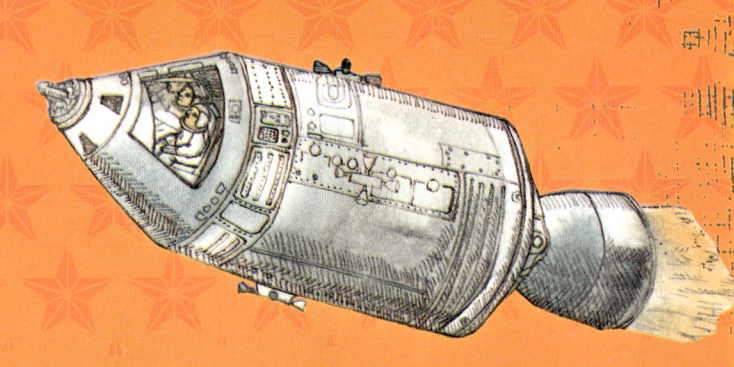

우주의 모습을 알아내기 위한 노력은 지금도 계속되고 있어요.
우주가 어떻게 태어나고 어떻게 변할지 연구하는 것은
우리 자신을 아는 것과 관련이 있어요.
별은 우리 몸이 태어난 고향이니까요.

우주를 보는 커다란 눈, 천체 망원경

굴절 망원경과 반사 망원경

사람들은 흔히 천체 망원경이 멀리 떨어진 천체를 크게 확대해서 보여 주는 도구라고 생각해요. 물론 태양이나 달이나 행성처럼 가까운 천체는 크게 확대해서 자세히 들여다볼 수도 있어요. 하지만 별들은 너무 멀어서 아무리 확대해도 작은 빛의 점으로 보일 뿐이에요. 그렇다면 과학자들은 어째서 구경이 큰 천체 망원경을 만들려고 애쓰는 것일까요?

거울을 통해 눈을 자세히 들여다보세요. 눈 가운데에 동그랗고 까만 부분이 있어요. 이 부분을 동공이라고 해요. 동공은 물체에서 나오는 빛을 받아들이는 곳이에요. 동공은 커지기도 하고 작아지기도 해요. 밝은 곳에서는 동공이 작아지고 어두운 곳에서는 커지지요.

밝은 곳에서 갑자기 깜깜한 곳으로 들어가면 주변이 보이지 않아요. 동공이 작아 받아들이는 빛이 적기 때문에 깜깜하게 느껴지는 것이지요. 하지만 시간이 지나면 주변이 어렴풋이 보여요. 동공이 커지면서 빛을 많이 받아들이기 때문이에요. 어두운 곳에서 갑자기 밝은 곳으로 나가면 눈이 부시다가 천천히 적응이 되는 이유도 마찬가지예요. 어두운 곳에서는 커졌던 동공이 밝은 곳에서는 작아지는 거지요.

멀리 떨어진 별은 빛이 아주 약하기 때문에 보이지 않아요. 우리 눈의 동공을 아주 크게 만들 수 있다면 희미한 별도 볼 수 있을 거예요. 하지만 동공이 커지는 데에도 한계가 있어요. 그래서 천문학자들은 우리 눈의 동공을 대신해서 빛을 많이 받아들일 수 있는 도구를 만들었어요. 그것이 바로 천체 망원경이에요.

갈릴레이는 볼록 렌즈를 이용해 별빛을 모았어요. 커다란 볼록 렌즈는 동공보다 많은 별빛을 모아 우리 눈에 전달할 수 있지요. 그래서 어두운 별도 볼 수 있는 거예요.

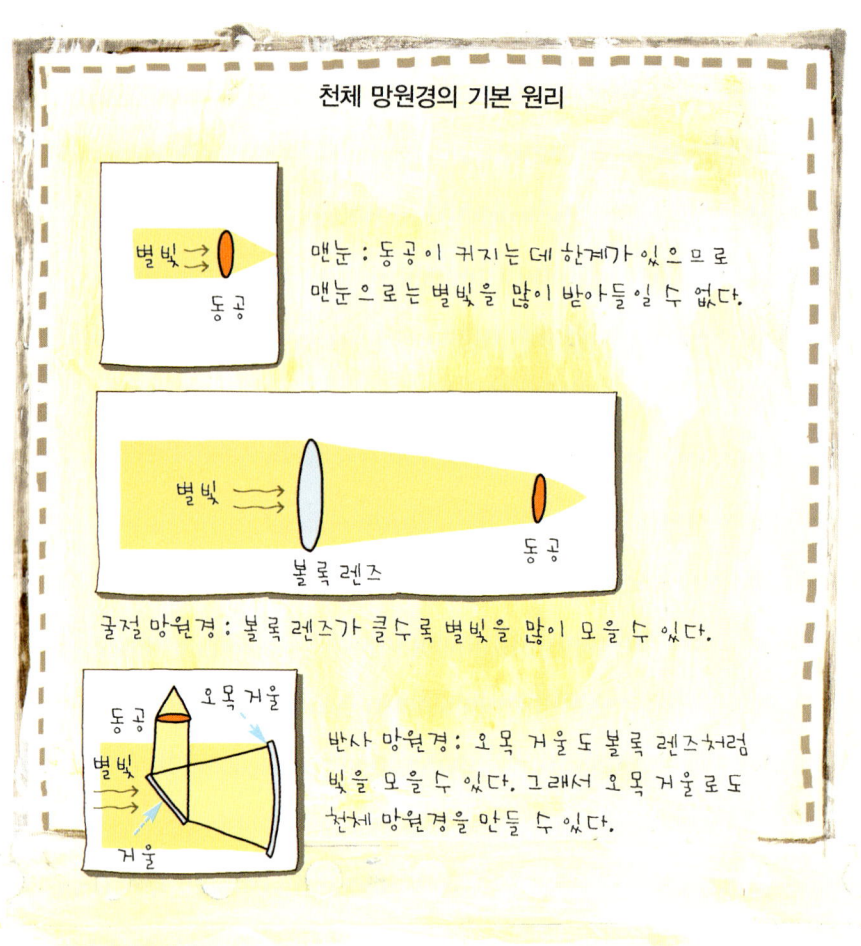

　천체 망원경의 기본 원리는 위 그림과 같아요. 물론 실제의 천체 망원경에는 별빛을 효율적으로 모으기 위해 여러 가지 부품이 많이 들어가요.

　볼록 렌즈로 빛을 모으는 천체 망원경을 굴절 망원경이라고 해요. 굴절이란 꺾인다는 뜻인데 빛을 꺾어 모으기 때문에 그렇게 불리는 것이지요. 굴절 망원경에서는 더 어두운 별을 보려면 볼록 렌즈를 크게 만들어야 해요. 그런데 그림에서 보듯이 볼록 렌즈는 크게 만들수록 엄청나게 두껍고 무거워져요. 그래서 만들기도 힘들고 설치하기도 힘들지요.

빛을 모을 수 있으면서 볼록 렌즈보다 쉽게 만들 수 없을까? 영국의 물리학자 뉴턴은 오목 거울을 이용해 그 문제를 해결했어요. 오목 거울을 이용해 만든 천체 망원경을 반사 망원경이라고 해요. 최근에 만들어진 대형 천체 망원경은 대부분 반사 망원경이에요.

로켓으로 쏘아 올린 우주 망원경

과학자들은 자연의 신비를 밝히는 탐정과 같아요. 탐정은 현장에 떨어진 작은 단서 하나로 사건의 전모를 밝히지요. 과학자들은 자연에서 일어나는 작은 현상 하나를 관찰하여 자연의 신비를 밝혀요.

천문학자들에게 자연이 주는 작은 단서는 바로 빛이에요. 천문학자들은 저 먼 천체에서 오는 희미한 빛을 관측하여 그 천체가 어떻게 생겼으며, 무엇으로 이루어져 있고, 어떻게 변할지 알아내지요. 그래서 천체 망원경이 그렇게 중요한 거예요.

요즘에는 기술이 발전해 구경 십여 미터의 천체 망원경도 만들 수 있어요. 또 똑같은 구경이라도 천체를 아주 정밀하게 관측하는 방법도 많이 개발되었지요. 그런데 지구에서 천체를 관측할 때 아주 골치 아픈 문제가 있어요. 그것은 바로 대기예요. 지구를 둘러싸고 있는 대기는 우리 생명을 보호하는 중요한 역할을 하지만, 별을 관측할 때에는 아주 성가시지요.

대기는 질소와 산소와 이산화탄소, 그리고 수증기 같은 여러 가지 기체로 이루어져 있어요. 이런 기체들은 먼 별에서 오는 별빛을 약하게 만들어요. 특히 수증기의 피해가 아주 심하지요. 대형 천체 망원경이 높은 산에 설치되는 이유는 수증기를 피하기 위해서예요. 수증기는 지표 근처에 많거든요.

또한 공기는 잠시도 가만히 있지 않고 요동을 치기 때문에 별빛이 계속 깜박거리게 만들어요. 별이 반짝이는 이유는 바로 그거예요. 그래서 천문학자들은 대기가 없는 우주 공간에 천체 망원경을 설치했어요. 커다란

허블 우주 망원경. 지구에 설치된 망원경보다 50배 이상 미세한 부분까지 관찰할 수 있다.

천체 망원경을 로켓으로 쏘아 올려 우주에서 천체를 관측하는 것이지요.

　1990년, 천문학자들은 최초의 우주 망원경을 지구 궤도에 올렸어요. 이 우주 망원경에는 미국의 유명한 천문학자인 허블의 이름을 붙였지요. 허블 우주 망원경은 우주 공간에서 대기의 방해를 받지 않고 천체를 관측해요. 그래서 지상의 어떤 대형 망원경보다 더 먼 천체를 더 깨끗이 관측할 수 있지요. 요즘 우리가 보는 멋진 우주 천체 사진은 거의 허블 우주 망원경이 찍은 거예요.

허블 우주 망원경이 가시광선으로 찍은 목성의 모습.

　빛에는 여러 가지 종류가 있어요. 적외선이나 자외선 그리고 전파나 X선도 빛의 일종이지요. 우리가 볼 수 있는 빛은 그중에서 가시광선뿐이에요. 천문학자들은 천체에서 오는 여러 가지 빛을 관측할 수 있는 천체 망원경들도 만들었어요. 그리고 그 천체 망원경들을 우주 공간에 쏘아 올렸지요.

　이제 우리는 적외선이나 자외선은 물론 전파나 X선으로 찍은 우주의 모습을 볼 수도 있고 사진으로 찍을 수도 있어요. 그런 사진들은 우리 눈으로 볼 수 없는 새로운 우주의 모습을 알려 주지요.

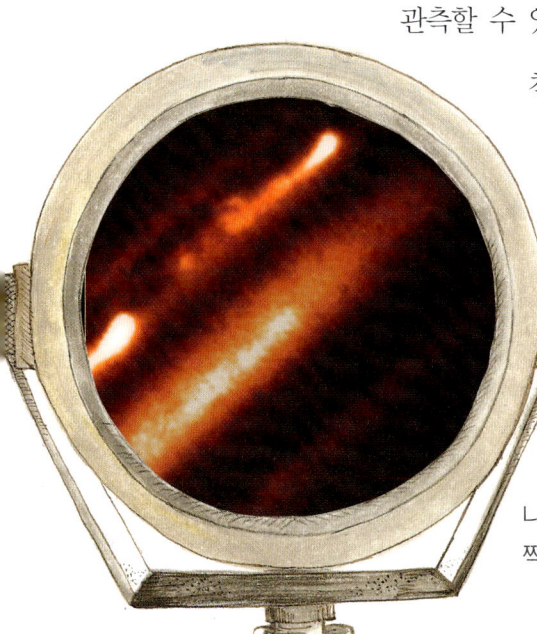

나사의 적외선 망원경이 찍은 목성의 모습.

131

우주의 탄생을 본다!

빅뱅으로 태어난 우주

태양과 같은 별은 짙은 가스의 성운에서 탄생합니다. 가스가 단단하고 둥글게 뭉쳐지면서 빛과 열을 내며 밝게 빛나는 것이지요. 지구와 같은 행성은 별이 만들어질 때 주변의 찌꺼기들이 뭉쳐 만들어져요.

천문학자들은 커다란 천체 망원경으로 우주를 관측하며 이처럼 놀라운 사실들을 밝혀냈어요.

그렇다면 광활한 이 우주는 어떻게 만들어졌을까요? 천문학자들은 이 질문에 대해서도 연구하기 시작했어요. 그리고 아주 많은 것을 알아내기도 했지요. 우주가 어떻게 태어났고, 어떻게 변하고 있으며, 어떻게 될지를 연구하는 학문을 우주론이라고 해요.

1927년, 허블이라는 천문학자는 아주 놀라운 우주의 신비 하나를 밝혀냈어요. 그것은 바로 우주가 계속 커지고 있다는 거예요.

허블이 안드로메다은하의 거리를 측정할 무렵, 천문학자들은 외부 은하들이 아주 빠른 속도로 움직이고 있다는 사실을 발견했어요. 허블은 많은 외부 은하의 거리와 속도를 측정하여 서로 비교했지요. 외부 은하의 거리와 속도에는 일정한 관계가 있다는 결론을 얻었어요. 외부 은하가 멀어지는 속도를 후퇴 속도라고 하는데 거리가 먼 은하일수록 후퇴 속도가 컸던 거예요.

천문학자들은 허블의 관측 결과를 보고 술렁이기 시작했어요. 은하들이 멀어진다는 것은 우주가 커지고 있다는 뜻이에요. 그러니 이 관계를 잘 연구하면 우주의 과거와 미래를 알 수 있지 않겠어요?

천문학자들은 시간을 거꾸로 돌려 보면 우주가 어떻게 될지 생각해 보았어요. 시간이 지날수록 은하들이 점점 멀어진다고 했어요. 그렇다면 시간을 거꾸로 돌린다면 은하들이 점점 가까이 다가오겠지요. 결국 언제인가는 서로 달라붙을 정도로 가까워질 거예요. 천문학자들은 천문대에서 먼 은하를 관측하고 연구실에서 계산을 하며 아주 멋진 우주론을 만들어 냈어요. 우주는 빅뱅이라는 커다란 폭발로 시작했다는 이론이지요.

약 137억 년 전, 우주는 눈에 보이지 않을 정도로 작았어요. 이때는 공간도 없고 시간도 없고 어떤 물질도 없었어요. 그러던 어느 한 순간, 이 작은 우주가 엄청난 폭발을 일으켰지요. 천문학자들은 이 사건을 빅뱅이라고 불러요. 우주는 빅뱅과 함께 점점 커져 갔으며, 물질이 생기고 공간이 생기고 시간이 생겼지요.

빅뱅의 영향은 지금도 계속되고 있어요. 그래서 은하들이 점점 멀어지고 있는 것이지요. 우주는 언제까지 커지기만 할까요? 그건 아직까지 알아내지 못하고 있어요. 어떤 천문학자들은 우주가 계속 커지면서 차가워질 것이라고 해요. 그렇게 사라진다는 거지요. 또 어떤 천문학자들은 언젠가는 다시 줄어들기 시작할 것이라고 주장해요.

이 사실을 밝혀내려면 더 먼 우주의 끝을 보아야 해요. 아직까지는 그렇게 먼 곳을 볼 수는 없어요. 언젠가 아주 크고 성능이 좋은 천체 망원경이 만들어지면, 우주의 끝을 볼 수 있을 거예요. 또 우주의 미래도 밝혀낼 수 있겠지요.

별은 생명의 고향

　사람들은 아주 오랜 옛날부터 지금까지 별을 바라보고 있어요. 어떤 사람은 아름다움에 빠져 별을 보기도 하고, 또 어떤 사람은 신비로움에 젖어 별을 보기도 하지요. 어쩌면 우리는 본능적으로 별을 바라보는 것인지도 몰라요. 별은 우리 몸을 이루는 재료들이 만들어진 곳이니까요.

　자신의 몸을 한번 만져 봐요. 말랑말랑하고 탄력 있는 살과 피부, 우리 몸을 받쳐 주는 뼈, 온기를 유지하고 양분을 날라 주는 피. 우리가 살아 있음을 느낄 수 있을 거예요. 그런데 우리 몸을 이루고 있는 물질은 흙이나 물과 크게 다르지 않아요. 세상의 모든 물질은 100여 가지의 원소들로 이루어져 있지요.

　우주가 맨 처음 탄생했을 때 우주에는 두 가지 원소밖에 없었어요. 우주를 이루는 물질의 대부분은 수소였으며, 거기에 약간의 헬륨이 있었지요. 그렇다면 흙과 물과 우리 몸을 이루는 물질은 도대체 어디에서 온 것일까요? 놀랍게도 그런 물질은 별에서 만들어졌어요.

　별은 수소로 이루어진 커다란 공이에요. 별은 수소의 핵융합 반응으로 엄청난 열과 빛을 내지요. 핵융합 반응이란 가벼운 원소들이 달라붙어 좀 더 무거운 원소로 바뀌는 현상을 말해요. 별에서는 수소가 서로 달라붙어 헬륨으로 바뀌고 있지요.

수소가 모두 헬륨으로 바뀌면 별은 어떻게 될까요? 더 이상 빛나지 않을 거라고요? 그렇지 않아요. 별에서는 또 한 번 신비로운 일이 일어나요. 헬륨이 서로 달라붙어 더 무거운 원소인 탄소가 만들어지는 거예요. 헬륨이 탄소로 바뀌는 현상도 핵융합 반응이에요. 그래서 별은 이때에도 엄청난 열과 빛을 내지요.

수소에서 헬륨이 만들어지고, 헬륨에서 탄소가 만들어져요. 별은 이런 일을 몇 번이고 되풀이하면서 이 세상을 이루는 여러 가지 원소를 만들지요. 별은 이렇게 만든 원소를 움켜쥐고 있지 않아요. 수명이 다한 별은 애써 만든 원소를 우주 공간에 흩뿌리고 사라지지요. 행성상 성운이나 초신성이 바로 그것이에요.

별이 흩뿌린 물질은 다시 모여 새로운 별을 만들어요. 새로 태어난 별은 이전의 별과 마찬가지로 새로운 원소를 만들고 다시 우주 공간에 흩뿌리지요. 이런 일이 되풀이될수록 우주 공간에는 수소와 헬륨 이외의 원소들이 많아지지요.

우리 태양은 맨 처음 만들어진 별이 아니에요. 먼저 태어난 별이 흩뿌린 찌꺼기들 속에서 태어난 별이지요. 그 찌꺼기 중에서 가벼운 수소와 헬륨은 커다랗게 뭉쳐 태양이 되었어요. 탄소나 산소, 철 같은 무거운 원소들은 지구와 같은 행성을 이루었지요. 그리고 지구의 여러 가지 원소들을 재료로 해서 수많은 생명체가 태어났어요. 우리는 바로 그 수많은 생명체의 하나이지요.

'여우도 죽을 때 자신이 태어난 곳으로 머리를 향한다.'는 말이 있어요. 그만큼 자신의 뿌리를 잊지 못한다는 뜻이에요. 하물며 동물도 그런데 사람은 어떻겠어요. 우리는 어디에서 와서 어디로 가는가? 과학은 그 의문을 풀어내려는 노력이에요. 그렇다면 우리가 별을 바라보는 이유는 당연하지 않겠어요? 별은 바로 우리 몸이 태어난 고향이니까요.

용어 해설

1광년
빛이 1년 동안 나아간 거리. 빛은 1초에 약 300,000킬로미터를 나아간다. 1광년은 약 9,460,800,000,000킬로미터에 해당한다.

1등성
별의 밝기 등급에서 1등급에 해당하는 별. 맨눈에 가장 밝게 보이는 별들이 1등성이다. 우리나라에서 볼 수 있는 1등성은 큰개자리의 시리우스를 포함해 15개이다.

공전
한 천체가 다른 천체의 둘레를 일정한 주기로 도는 현상. 지구는 태양 둘레를 공전하며 달은 지구 둘레를 공전한다.

공전 궤도면
공전하는 천체의 궤도를 포함하는 평면. 태양 둘레를 도는 모든 행성의 공전 궤도면은 조금씩 기울어져 있다.

메시에 목록
프랑스 천문학자 메시에가 발표한 성운과 성단의 목록. 모두 110개의 천체가 포함되어 있으며, 이들 천체는 일련번호로 구분된다. 예를 들어 안드로메다은하는 M31인데 이는 메시에 목록의 31번째 천체라는 뜻이다.(89~90쪽 참조)

변광성
밝기가 시간에 따라 변하는 별. 두 개의 별이 공전하는 동안 서로 가리고 가려짐에 따라 밝기가 변하는 것을 식변광성이라고 부른다. 또 별의 크기가 변하면서 밝기가 변하는 것은 맥동 변광성이라고 부른다.

별
태양처럼 스스로 빛을 내는 천체. 별의 에너지원은 수소 핵융합이다. 즉, 별은 수소 핵이 결합하여 헬륨 핵을 만들 때 나오는 에너지로 빛과 열을 낸다.

별자리
별을 이어 만든 신이나 영웅, 신화 속 동물의 형상. 현대 천문학자들이 정한 별자리는 별을 이어 만든 그림이 아니라 하늘의 일정한 영역을 뜻한다. 별자리는 모두 88개이다.

봄의 대삼각형
봄의 밤하늘에 볼 수 있는 밝은 별 3개, 즉 처녀자리의 스피카와 목자자리의 아르크투루스와 사자자리의 데네볼라를 이어 만든 커다란 삼각형.(107~108쪽 참조)

북극성
작은곰자리에서 가장 밝은 별로 2등성이다. 지구 자전축을 북쪽으로 이은 곳에 위치하기 때문에 밤하늘에서 움직이지 않는 것처럼 보인다. 예로부터 북쪽을 알려 주는 별로 잘 알려져 왔다.(29~30쪽 참조)

블랙홀
엄청난 질량이 좁은 공간에 모여 있어 중력이 거의 무한대인 천체. 지구를 반지름 1센티미터쯤으로 압축시키면 블랙홀이 된다고 한다. 블랙홀에서는 빛마저도 탈출할 수 없기 때문에 블랙홀을 직접 관측할 수는 없다.

성단
수많은 별이 좁은 공간에 모여 이루어진 집단. 별들이 공 모양으로 모여 있는 구상 성단과 흩어져 있는 산개 성단으로 나뉜다.(74쪽 참조)

성운
우주 공간에 모여 있는 가스와 먼지의 덩어리. 성운의 일부가 뭉쳐 별이 탄생하고, 별의 일생의 마지막 단계에 폭발하여 성운을 만든다.(75쪽 참조)

여름의 대삼각형
여름의 밤하늘에 볼 수 있는 밝은 별 3개, 즉 백조자리의 데네브와 거문고자리의 베가와 독수리자리의 알타이르를 이어 만든 커다란 삼각형.(110~111쪽 참조)

우리은하
태양계가 속해 있는 은하. 우리은하 밖에 있는 은하를 외부 은하라고 부른다. 우리은하는 중심부가 굵은 막대 모양이며, 막대의 양쪽 끝에서는 나선 모양의 팔이 뻗어 나와 있다.(79~81쪽 참조)

위성
행성 둘레를 일정한 주기로 돌고 있는 천체. 달은 지구의 위성이다. 사람이 만든 물체는 인공위성이라고 부른다.

유성
지구 주변의 우주 공간에서 떠돌던 작은 천

체가 지구로 떨어질 때 대기와 마찰을 일으켜 만들어진 밝은 빛줄기. 흔히 별똥별이라고도 부른다. (26~28쪽 참조)

은하

수많은 별과 성운, 성단 등으로 이루어진 거대한 집단. 태양계가 속한 은하를 우리은하라고 부른다.

은하수

밤하늘을 가로질러 띠처럼 보이는 수많은 별의 집단. 은하수는 우리은하를 옆에서 본 모습이다. (71쪽 참조)

일식

태양이 달에 가려져 보이지 않게 되는 현상. 태양 전체가 보이지 않게 되는 것을 개기 일식, 태양의 일부가 보이지 않게 되는 것을 부분 일식이라고 부른다. 태양의 가장자리가 반지처럼 보이게 되는 일식을 금환 일식이라고 부른다. (97~99쪽 참조)

자전

축을 중심으로 회전하는 천체의 움직임. 태양과 별을 비롯한 천체가 하루에 한 번 하늘을 가로질러 움직이는 것은 지구가 자전하기 때문에 나타나는 현상이다.

주극성

지평선 아래로 지지 않고 언제나 밤하늘에서 볼 수 있는 별. 북극성을 중심으로 지평선에 닿는 원을 그렸을 때, 그 원 안의 별들은 주극성이다. (30~31쪽 참조)

지동설

태양이 우주의 중심이며, 지구를 비롯한 모든 행성과 별은 태양의 둘레를 돌고 있다는 이론. 태양 중심설이라고도 부른다. (50~53쪽 참조)

천동설

지구가 우주의 중심이며, 태양을 비롯한 모든 행성과 별은 지구의 둘레를 돌고 있다는 이론. 지구 중심설이라고도 부른다. (47~49쪽 참조)

천체

우주 공간에 흩어져 있는 모든 물체. 태양과 달과 행성은 물론 성운과 성단과 은하가 모두 천체이다.

천체 망원경

천체에서 오는 빛을 관측하기에 적합하도록 만들어진 망원경. 별빛을 많이 받아들이기 위해 구경을 크게 만든다. 천체 망원경에는 볼록 렌즈를 이용하는 굴절 망원경과 오목 거울을 이용하는 반사 망원경이 있다. (126~129쪽 참조)

타원 궤도
타원을 따라 움직이는 천체의 궤도. 모든 천체의 공전 궤도는 타원이다. 지구는 태양 둘레의 타원 궤도를 돌고 있으며, 달의 지구 둘레의 타원 궤도를 돌고 있다.(57~59쪽 참조)

태양계
태양과 태양의 중력의 영향을 받는 모든 천체가 이루는 집단 또는 공간. 태양의 질량은 태양계 전체 질량의 약 99퍼센트를 차지한다.

태양의 고도
태양의 시선 방향과 지평선이 이루는 각도. 하루 중 태양의 고도가 가장 높을 때는 정오이다. 같은 시간에 잰 태양의 고도는 여름에는 높고 겨울에는 낮다. (37쪽, 94~97쪽 참조)

페가수스의 사각형
페가수스자리의 몸통을 이루는 4개의 별을 이어 만든 커다란 사각형. 페가수스자리는 가을의 밤하늘에 볼 수 있는 별자리로 그리스 신화의 날개 달린 말을 뜻한다.(115~117쪽 참조)

행성
태양 둘레를 돌고 있는 천체 중에서 비교적 질량이 크고 궤도가 원에 가까운 천체. 지구를 포함해 모두 8개의 행성이 알려져 있다.(64~66쪽 참조)

행성상 성운
태양과 비슷한 질량의 별이 일생의 마지막 단계에서 바깥 대기층을 우주 공간에 흩뿌릴 때 만들어진 성운. 작은 망원경에는 마치 행성처럼 보이기 때문에 행성상 성운이라는 이름이 붙었다.(89쪽 참조)

혜성
태양을 하나의 초점으로 길쭉한 타원 궤도를 따라 움직이는 작은 천체. 대부분 일정한 주기로 태양 둘레를 돌며 긴 꼬리를 늘어뜨리기도 한다.(24~26쪽 참조)

황도
지구에서 보았을 때 태양이 1년 동안 지나는 하늘의 길. 황도를 따라 늘어선 12개의 별자리를 황도 12궁이라고 부른다.(104~105쪽 참조)

찾아보기

ㄱ
갈릴레이 54~56
개기 일식 99
거문고자리 34, 111~113
견우성 → 알타이르
계절 95
공전 52, 97
공전 궤도면 95, 98
광년 70
구상 성단 74
굴절 망원경 128~129
금성 62, 64
금환 일식 99

ㄴ
나선 성운 76~78
나선 은하 82~83
남쪽물고기자리 115~116

ㄷ
달 19~23
데네볼라 107~108
데네브 111~112

독수리자리 34, 111, 113

ㄹ
라 13
레굴루스 107~108
리겔 86~88

ㅁ
마차부자리 120
막대 나선 은하 72, 83
메시에 89
메시에 목록 89~90
명왕성 63~64
목성 62, 65
목자자리 107, 110

ㅂ
반사 망원경 128~129
백색 왜성 91
백조자리 111~112, 114
베가 34, 111~112
베텔게우스 86~88
변광성 77
별시계 102
별의 밝기 84~86
별자리 103~105
봄의 대삼각형 108
부분 일식 99

북극성 30~31
북두칠성 102, 107, 118
불규칙 은하 83
브루노 67~68
블랙홀 91
비슈누 15
빅뱅 134

ㅅ
사자자리 107~109
산개 성단 74
섀플리 70
성단 74~75
성운 75
수성 62, 64
스피카 107~108
시리우스 43, 120
쌍둥이자리 120, 122

ㅇ
아르크투루스 107~108
아리스타르코스 46
아리스토텔레스 48~49
아마테라스 14
안드로메다은하 75, 82, 89, 116
안드로메다자리 115~117
안타레스 111~112

알데바란 120~121
알타이르 34, 111~112
양력 23, 36
에라토스테네스 46
여름의 대삼각형 110~111
오리온자리 86, 120~121
외부 은하 78
우리은하 79~81
우주 망원경 130
운석 27
위성 55~56, 65~66
유성 26~27
은하 70~71
은하수 32~34, 71
음력 23, 36
인티 15
일식 16~18, 98~99
일월오봉도 21

ㅈ

자전 30, 50, 100
작은곰자리 29, 31
전갈자리 111~112
주극성 30
중성자별 91
지구 62, 65
지동설 46, 50, 54~56
직녀성 → 베가

ㅊ

처녀자리 107, 109
천동설 47, 49
천왕성 62, 66
천체 망원경 126~129
초신성 91

ㅋ

카스토르 120, 122
카시오페이아자리 115, 118
카펠라 120
케페우스자리 115, 118
케플러 57
코페르니쿠스 50~53
크레이터 28
큰곰자리 29, 31

ㅌ

타원 궤도 57~59
타원 은하 72, 83
태양계 70, 78
태양신 12~15
태양의 고도 37~39, 94~95
토성 62, 66

ㅍ

페가수스의 사각형 115
페가수스자리 115~116

페르세우스자리 115
포말하우트 115~116
폴룩스 120, 122
프로키온 120, 122
프톨레마이오스 47, 49, 51
플레이아데스성단 74, 120

ㅎ

해시계 101
해왕성 62, 66
핵분열 68
핵융합 68~69
핼리혜성 26
행성 22~23, 51, 57~59, 62~66
행성상 성운 89, 91
허블 77, 83
허블 우주 망원경 131
허셜 63, 89
헤일로 80
헬리오스 13
혜성 24~26
화성 62, 65
황도 12궁 104~105
황소자리 120, 122
히파르코스 47

사진 제공

경기대 박물관 | 21쪽(일월오봉도)
타임스페이스 | 33쪽(은하수), 38쪽(달력), 50쪽(천체 기구), 54쪽(갈릴레이 망원경), 55쪽(종교 재판), 62쪽(태양계 행성들), 63쪽(허셜), 98~99쪽(일식), 137쪽(별 관측하는 모습)
NASA | 64쪽(수성), 72쪽(막대 나선 은하, 타원 은하), 76쪽(은하단, 나선 은하), 87쪽(베텔게우스, 리겔), 130쪽(허블 우주 망원경), 131쪽(목성)